60年团队管理经验之集成!
50家火爆酒店心得于一书!
500位老板奉之(内训必备教材)!

读《酒店核心竞争力》可以帮你轻松打造精英团队、快速提升竞争力!

你想知道酒店业赚钱的秘诀吗？

你想知道自己如何爱岗敬业、实现职场成功吗？

你想知道服务取胜的法宝吗？

你想知道让菜品好吃的关键吗？

你想知道与员工交朋友、留住员工的妙招吗？

你想知道与顾客需求"谈恋爱"、打动顾客的营销策略吗？

你想知道创造酒店品牌的途径吗？

在这本《酒店核心竞争力》里，都能找到你追寻的答案。

科学赢利是酒店生长的土壤
合理赢利是酒店生存的底限

酒店核心竞争力

刘兴凯 / 编著

中国商业出版社

图书在版编目（CIP）数据

酒店核心竞争力/刘兴凯编著.—北京：中国商业出版社，2016.10

ISBN 978-7-5044-9586-0

Ⅰ.①酒… Ⅱ.①刘… Ⅲ.①饭店—企业管理 Ⅳ.①F719.2

中国版本图书馆 CIP 数据核字（2016）第 230412 号

责任编辑：刘毕林

中国商业出版社出版发行
010-63180647　www.c-cbook.com
（100053　北京广安门内报国寺1号）
新华书店总店北京发行所经销
北京军迪印务有限责任公司印刷

*

700×1000 毫米　16 开　13 印张　210 千字
2016 年 10 月第 1 版　2016 年 10 月第 1 次印刷
定价：39.80 元

* * * *

（如有印装质量问题可更换）

序一
满足顾客需求是铁律

● 刘广伟

刘兴凯先生曾任东方美食学院副院长，他和老伴海老师的治学严谨、艰苦创业、勤学钻研、思维超前的工作作风，给我留下了深刻的印象。他提出的"与社会需求实现零距离，与用人单位实现零适应"的办学目标；"以德立校、以德育人，把道德品质的培养作为学生人人成功的根基"的管理原则；"关于培养学生道德品质、塑造学生良好形象的28条学生守则"，博得广大师生和业内人士的高度赞扬。他把教育培训作为一个长期的管理过程，在培养学生成为专业型、技能型、适用型的复合型人才的同时，为学生、家长、社会提供优质的教育服务。我敬佩，他们对酒店教育培训事业的热爱和执着；我感谢，他们为东方美食学院作出的贡献。

刘兴凯先生出版的《酒店核心竞争力》一书，应该说是刘老这些年来研究酒店经营管理的结晶，所收集的五篇讲稿，都是他各地讲学的手稿，既有丰富的理论知识，又有生动的实战案例。

第一篇"以顾客为中心，一切为了顾客的满意"。主要是讲服务业是最有前途、基础最厚、市场范围最广阔、最大的朝阳行业，服务的定义是有形的物与无形的服务行为的综合体。作者重点阐述的三个观点值得认真研读：一是要解决目标、自信和养成良好习惯的三大课题，才能成为服务行业里最有前途的人；二是对服务七大要素展开的论述，见解独到，是对于理解服务业深层含义的最好诠释；三是对服务者（从一般员工到总经理）的角色要求进行了较详细的解剖，为追求创造顾客满意的酒店，打下了深厚的理论基础。

第二篇"酒店从业人员应信守的准则"，讲述了如何在完成酒店业使命的过程中，打造坚强的团队，打造自己的品牌，打造自己的核心竞争力，创造酒店最好的经济效益和社会效益，从而提升中国酒店业的管理水平。

第三篇"酒店提供给顾客的食品应该是安全的、营养的、有利健康的"，是说"以吃得营养吃出健康"为主要特征的后餐饮时代，作为顾客身边营养师的厨师，应举健康旗、炒环境菜、打品牌战，用营养健康打造酒店发展的新天地。

第四篇"酒店稳定员工的三个法宝"，用大量详实的资料，破解了当前困扰着酒店经营与发展的难题。用酒店服务工作的性质塑造员工的自信，用酒店企业的关爱锤炼员工的忠诚，用工作的绩效提升员工价值。

第五篇"通向烹饪大师的门槛"讲述了职业厨师的基本素养，如何在酒店服务的过程中，爱岗敬业、尽职尽责、苦练基本功等，努力使自己成为烹饪大师。

书中的几篇文章，互相关联、互为因果。如果把酒店管理比喻为一棵大树，"以顾客为中心，一切为了顾客的满意"是这棵树的根基，"酒店从业人员应信守的准则"是这棵树的主干，"酒店的食品应该是营养的有利健康的"和"酒店稳定员工三个法宝"则是这棵树的枝叶。有了根基、主干、枝叶，开花、结果就是自然的事了。

管理之树开花结果之时，就是酒店生意兴隆之日。

北京东方美食研究院院长
2011 年 5 月 10 日（初稿）
2016 年 9 月

序二
快速提升酒店核心竞争力

● 姜永磊

"以顾客为中心,一切为了顾客的满意"是国际服务质量标准的核心思想,而在我国服务业中有的人却没有给予足够的重视。我国正处在服务业大发展的今天,我用让"以顾客为中心,一切为了顾客满意"的思想在服务从业人员中快速提升为题作为序,祝贺刘兴凯先生《酒店核心竞争力》一书的公开出版。

刘兴凯先生一生从事教育事业,特别是在近30余年的时间里,主要从事着服务业的教育、培训和实践活动。身为美利华大酒店的总顾问,从市场调研、经营定位到营销策略,从定岗定编、人才招聘到岗前、岗中培训,从每个岗位的职责、工作流程到考核办法,事事、时时、处处都留下了他的心血和汗水。他严谨的学风、执着的"只当第一"的工作精神和表率作用,赢得佩服和向往!他对追求顾客需求、培育坚强的团队精神和用关爱锤炼员工对事业的忠诚度等,都有独特的理念和具体措施,受到员工的爱戴。

特别是他提出的酒店管理人员的五个时刻想着和五个狠下功夫,对酒店的经营管理有着普遍的指导意义。五个时刻想着是:时刻想着顾客的需求与变化;时刻想着菜品的标准化、规范化、适口化;时刻想着对客服务的精细化、特殊化、亲情化；时刻想着员工家庭及个人的情况与变化；时刻想着员工的工作环境、生活环境的优美化。五个狠下功夫是：在与顾客需求"谈恋爱"上狠下功夫；在菜品的适口化上狠下功夫；在对客的亲情化上狠下功夫；在与员工交朋友上狠下功夫；在改善员工的工作环境上狠下功夫。

  这次刘兴凯先生将他的几篇讲稿毫无保留地整理并公开发表出来，供酒店及相关服务从业人员学习借鉴，是他又一次为中国服务业添砖加瓦。希望能引起同仁们的重视，以推动我国酒店服务业更加蓬勃的发展。

原山东省民企协会理事

原中国青年企业家联合会会员

原威海市工商联执委

原威海市十佳青年创业之星

原威海市工商联龙口商会常务副会长

原威海市环翠区政协第十二届常委

2010 年 8 月（初稿）

2016 年 9 月

前　言

● 刘兴凯

我国的服务行业随着改革开放的春风正蓬勃发展，仅旅游业 2009 年的收入为 12600 亿元人民币，对国民经济的总贡献额达 31500 亿元人民币；2015 年的收入就达 34300 亿元人民币，对国民经济的总贡献额达 85750 亿元人民币。

在这强劲春风的吹拂下，我作为一个老教育工作者也从来没有停下脚步，30 多年的时间全力投身于对服务业的学习、研究，探讨和总结。

期间，我曾参加中央党校研修班的学习，参加北京国际关系学院公关专业的函授学习，去美国喜来登集团管理的五星级酒店——北京长城饭店的蹲点研究……可以说真是忙得不亦乐乎。筹建酒店的全员脱产培训，最多同时有 3—4 个酒店，300—400 人。旅游景点人员的培训也是一个接着一个。紧接着，就是受有关部门委托，山东省酒店餐饮总监、厨师长的岗位培训，山东省电讯系统的轮训，有关部门的总经理培训也相继举办。这一办就是十余年。

多年来，我不仅见缝插针，抓紧时间更深入地进行学习，更系统地开展调查研究，而且更有效地进行相互间的交流培训活动。有些问题逐渐形成了自己的见解和想法，做了高级职业餐饮经理人 MBA 课程的主讲。去酒店、旅游景点、民航机场、铁路局服务段、工商行政管理服务部门、有关院校授课。这不仅满足了这些服务单位对人员素质提高的急需，解答了顾客与自身关心的问题，也促进他们尽快进入角色，塑造自己，用最短的时间将自己锤炼成为一名优秀的服务人才。

值得欣慰的是，接受教育培训的业内人士后来都奉献在服务业的各个岗位上。有的在总厨、总监的岗位上，有的在总经理、董事长的岗位上，有的在使馆的英语翻译岗位上，还有的为党和国家领导人服务过……这些都有我的微薄之力，对我也是个巨大的教育、推动和鞭策，让我更加坚定在服务业的道路上继续走下去。

在《酒店核心竞争力》书中发表的几篇讲稿，其中"以顾客为中心，一切为了顾客的满意""酒店从业人员应信守的准则""酒店提供给顾客的食品应该是营养的、有利健康的""酒店稳定员工的三个法宝"等，都是我在以往的讲课中逐渐认识、积累、探索而形成的。讲稿中有些提法也不一定确切，但我把它奉献出来既是为了交流，也期望得到指正。讲课要紧扣主题，选准切入点，深入浅出，满足听课学员的需求，同时又要受到严格时间的制约，因此我将部分资料放入附件内。力求做到"言之有理、言之有据、言之可信、言之可行"！

回顾历程，我所从事的工作得到了同志们的大力支持和帮助，在编写《酒店核心竞争力》一书的过程中更是这样。借此机会，向许广胜、吕军昌、刘广伟、刘泉、姜永磊、钟京兴、王冰、赵德聪、赵鹏、肖学文、郑学、张凯、王惠等等各位，还有很多没有提到名字的同仁和朋友，一并感谢。祝他们事业兴旺，合家欢乐，身体健康！

2010 年 8 月于威海

又及：

本书稿2011年内部印制后，得到了不少业内人士的指点，普遍认为该书"接地气"、"实用性强"，是酒店业的铺路教材，是酒店从业人员素质提升的指路教材，是现代餐饮打造英雄团队的法宝，是"互联网＋"时代酒店亲情服务与体验的创新根基。如今中国商业出版社给予公开出版发行，特别要感谢刘毕林先生的大力支持。这也算是我81周岁时对酒店服务业的一份献礼吧！

呈现在广大读者面前的这本《酒店核心竞争力》，又得到王冰、胡学梦、王淑珍、鞠培德、阿拉腾乌拉、李向南、黄安荣、刘新宪、李婕铭、陈永杰、王德伟、宋江等等领导或同仁的支持和帮助，再次致谢！

2016 年 8 月 8 日

目　录

第一篇　以顾客为中心，一切为了顾客的满意

如果把酒店管理比喻为一棵大树，"以顾客为中心，一切为了顾客的满意"是这棵树的根基，因此我们把满足顾客需求定为铁律。对于从事服务产业的企业与企业员工来说，有的对服务产业说不清楚，如何使自己成为最有前途产业里真正最有前途的人，也很少能说清楚。对接待服务这里都进行了较为详细的论述。

第一章　服务产业

服务企业与服务人员如何理解服务产业是最有前途、基础最厚、市场范围最广阔最大的朝阳产业，如何真正实现进入最有前途的产业成为最有前途的人要通过目标、自信和良好习惯的三大关键，从而坚定树立起服务行业是最有前途的产业，从业者是最有前途的人。

一、两种思维模式对比图　/ 2

二、服务产业的定义与在发达国家中所占的比例　/ 3

三、为什么说服务产业是最有前途、基础最厚、市场范围最广阔、最大的朝阳产业　/ 4

四、服务产业人员由自豪感到实现最有前途者要解决目标、自信和养成良好习惯三个问题　/ 7

第二章 接待服务

什么是服务？这里说的接待（情绪）服务，服务是有形的物与无形的服务行为的综合体。餐厅里出售的食品是物，而这些物又必须通过服务者的一系列服务行为，才能成为顾客享受的美味佳肴。服务的七大要素内涵这里都进行了展开讲述，为创造优质服务奠定了牢固的基础。

一、接待服务的定义 / 22

二、服务的七大要素 / 23

三、服务的本质 / 28

第三章 进入角色 塑造自己 尽快成为一名优秀的服务人才

人在社会上是以不同的角色而存在的，服务者的角色要求是明确的，也是具体的。顾客的角角特征我们更要给予足够的重视。服务者为创造顾客的满意，要提升自身素质，遵守服务理念、行业规则和养成成功者应有的好习惯。以上诸方面，这里都有详细的说明和案例。

一、进入角色 / 29

二、服务者的角色要求 / 30

附 件

（一）典型的服务言语范例 / 36

（二）餐饮服务守则60条 / 38

（三）餐饮服务禁条50条 / 40

（四）前台员工守则70条 / 42

（五）"坚持不懈 终会成功"摘录 / 46

（六）白天鹅宾馆独创100句经典箴言 / 48

第二篇　酒店从业人员应信守的准则

　　酒店从业人员应信守的准则是酒店"这棵树"的主干，它主要是指各级领导者、管理者，特别是近期活跃在酒店中的酒店职业经理人，他们是酒店业的领军人物，他们是在完成酒店业使命及打造自己的品牌过程中不断地进行修炼。

第一章　明确酒店的三大使命

　　《人民日报·产经广场》发表的"海尔冰箱的欧洲生活"一文，给了我太多的启迪和教育。我们一些酒店硬件是公认的好，软件也应该说没有问题，就是上不去或上得慢，我认为主要问题是没有明确酒店的三大使命。

一、打造酒店一流，形成自己的品牌　/ 57

二、以不断满足顾客需求为主线，持续不断地改进工作　/ 59

三、为顾客、员工、老板利益服务　/ 59

第二章　明确酒店的产品

　　酒店产品有外部产品、实际产品和核心产品，按服务的属性又可分为有形产品和无形产品。将每一项细小的服务都做得很出色，显示出酒店的特色与精细。

一、酒店产品示意图　/ 60

二、酒店的有形产品和无形产品　/ 61

三、对从业人员的素质要求来说明酒店产品的特点　/ 62

第三章 酒店从业人员应信守的准则

这里是说酒店从业人员应信守的准则的具体内容。这些既是酒店从业人员应信守的准则,也是酒店赚钱的途径。

第一节 顾客是上帝,满足顾客需要

顾客满意是酒店永远的追求,是酒店的铁律,因此顾客满意高于一切。客情就是命令。这里有开展与顾客需求"谈恋爱",开展与顾客需求的"比赛活动",以满足顾客需求的需求。

一、顾客满意高于一切 / 63

二、案例:某大酒店试营业期间客人对菜品投诉简摘与对策 / 64

三、客人的期望值、实际感受与满意程度关系图 / 65

四、准确掌握客人需求的"质"和"量"图示 / 66

五、客人对酒店的需求简述 / 66

第二节 打造坚强的团队

由优秀人组成的团队是最强生命力和竞争力的团队。

一、打造高度集中、统一意志、统一指挥的坚强有力的团队 / 66

二、坚持报告制度和服从制度 / 68

三、榜样的作用 / 69

四、正确处理个人利益与集体利益之间的关系 / 71

第三节 菜品是酒店的核心竞争力之一

菜品是酒店的核心竞争力,卖得好的菜才是好菜,好吃是硬道理,对菜品质量精益求精,就可以使酒店立于不败之地。一个酒店必须坚持让菜品走标准化、规范化、精品化的道路。

一、坚持菜品走标准化、规范化、精品化的道路 / 71

目录

二、菜品是酒店的核心竞争力之一 / 74

三、企业的核心价值观是创造给予 / 74

四、创新菜 / 75

五、好吃是硬道理(菜品的本质) / 76

第四节 服务注重细节

凡有人群的地方必有服务行为。服务活动随人类的诞生而诞生,随人类的发展而发展。服务发展到今天,已有相当多的成功理念。服务讲究细节。这里介绍的五个非常成功的服务案例值得借鉴。

一、关于服务方面一些成功的理念 / 78

二、某大酒店中餐服务程序 / 79

三、服务中细节不是小节 / 79

四、四个非常成功的服务案例 / 80

第五节 提高人员素质

人才是企业生存和发展的核心,员工是上帝的上帝。酒店的管理者如何工作、如何进行情感储蓄,培养员工的归属感,如何提高营销意识等这里都有详细的论述。要记住两点,一是成长与事业同步,二是做好营销中的策划是最重要最难的事。

一、善待员工 / 83

二、酒店的管理者 / 84

三、酒店管理者的情感储蓄 / 85

四、提高全员营销意识 / 86

第六节 严格的检查、控制与监督制度

标准化管理是做强做大的基础,是现代化管理的重要标志。强力督导是每个企业成功的重要保证。

一、标准化管理 / 90

二、强力督导 / 90

三、严格的检查、控制与监督制度 / 91

附 件

（一）海尔冰箱的欧洲生活 / 92

（二）顾客满意的涵义 / 95

（三）某大酒店中餐服务程序 / 97

（四）香港回归宴（香港地区） / 112

（五）澳门回归宴（澳门地区） / 113

第三篇 酒店提供给顾客的食品应该是安全的、营养的、有利健康的

  酒店为顾客提供的食品，应该是也必须是让顾客吃得安全，吃得营养，吃出健康为目的。这是"酒店这棵树"的枝叶，既是顾客所需，也是酒店对顾客的应有承诺和应有奉献。一个以餐饮为龙头的酒店，特别是作为顾客身边的营养师的厨师，认清饮食中的潮流。

第一章 人类健康诸因素

  人的健康和生命很大程度上取决于自己，取决于自己的生活方式和行为。人们大多是死于自己培养起来的生活方式和行为。因此说，吃得科学、吃得文明、吃得健康，关系到一个民族的命运。

一、迎接百岁时代的来临 / 114

二、要健康，生活方式是关键 / 115

第二章 对顾客餐饮需求的分析与对策

顾客对餐饮的需求是随着经济的发展而变化的。借鉴中医养生理论，借鉴美国营养专家提出的饮食原则，遵循后餐饮时代的主要特征和饮食中的时尚潮流，遵循营养平衡的原则。

第一节 对顾客餐饮需求的分析

长期的前餐饮时代让人吃尽了苦头，让顾客获得健康是后餐饮时代的特征。随着后餐饮时代的到来，酒店餐饮业任重而道远。

一、对顾客餐饮需求的分析 / 119

二、餐饮的七大要素 / 120

三、餐饮业任重而道远 / 124

第二节 厨师的职业道德

厨德是厨师的人格，它是厨师素质、修养、魅力的综合体。大好形势迫使厨师们重新学习，勇于创新，与时俱进，开拓与打造营养健康牌。

一、厨师职业道德的涵义 / 125

二、厨师应具备的精神、素质、作风、意识与技能 / 126

第三节 我国中医养生理论选摘

我国中医养生理论极为丰富，食物入口，等于药之治病同为一理，合则于人脏腑有宜，而可却病卫生；不合则于人脏腑有损，而即增病促死。

一、中国中医养生理论说得很好 / 128

二、关于食疗 / 129

三、乾隆皇帝的养生秘诀 / 130

第四节 看洋快餐提倡的健康"新快餐"

针对洋快餐有的寻求变脸，有的十分不情愿地宣布关门，同时美国营养专家也提出了七项饮食原则。

一、肯德基变脸术的健康"新快餐" / 131

二、美国营养专家提出的七项饮食原则 / 131

第五节　饮食中的时尚潮流

在吃得营养、吃出健康的后餐饮时代中，饮食中的时尚潮流总的是中西合璧，菜系合流，鲜辣混搭，菜面结合。食以洁为本，味以养为先。

一、饮食中的十大时尚潮流 / 132

二、关于吃生 / 132

三、关于吃虫、吃海洋 / 133

四、日本型食物结构（每日） / 133

五、一些提法很抓顾客眼球 / 134

第六节　营养平衡的十大原则

什么是营养，"营"就是谋求，"养"就是养生。这里仅提出部分菜谱，供借鉴与研究。

一、何谓营养 / 134

二、营养平衡的十大原则 / 135

三、菜肴营养配餐搭配的原则与方法 / 135

四、筵席营养配餐搭配的原则与方法 / 136

五、菜单实例五则 / 137

第七节　用营养健康打造餐饮发展的新天地

"吃得营养、吃出健康"对于我们中国人民来说，前有先人，后有来者。

一、"吃得营养、吃出健康"，前辈肖石鹏是表率 / 139

二、"吃得营养、吃出健康"，顺应时代发展潮流 / 139

三、不少餐饮企业在全国作出了榜样 / 139

四、培养营养师（职业点菜师），设立"导吃"服务台 / 140

附　件

（一）厨师工作优胜 15 法 / 141

（二）某大酒店厨师宣誓誓词 / 141

第四篇　酒店稳定员工的三个法宝

　　酒店稳定员工的三个法宝是"酒店这棵树"的枝叶。

　　最近我对酒店企业员工流动问题进行了专题研究，我搞清了三个问题：一是员工不稳定，员工跳槽的原因。二是我多次听到了员工真实的声音。三是发现相当多的酒店稳定员工队伍有法宝。

第一章　用餐饮服务的工作性质塑造员工的自信

　　全世界正在跨入一个"服务的年代"，我们不仅要向全世界高呼：从事服务行业的人员是最光荣最伟大的人。而且还要迎接东方模式（中国模式）酒店管理时代的到来。这叫做事业留人。

一、服务的年代，高呼从事服务行业的人员是

　　最光荣最伟大的人 / 144

二、服务是种奉献，服务是种高尚的爱的领域，我是最棒的 / 145

三、目标铸就一流，好习惯催生辉煌 / 146

四、爱岗敬业是人生第一要务 / 147

第二章　用餐饮企业的关爱锤炼员工的忠诚

对于酒店企业来说，心中有爱、脚下生根的企业，员工流动率低的酒店很多。酒店与员工一起制定每个员工的职业生涯。这叫做感情留人。

一、对员工的关爱是企业应尽的起码的义务　／150

二、心中有爱，脚下生根　／151

三、关爱员工最好的形式和做法就是坚持不懈地

　　对员工进行教育培训　／153

四、员工要有一颗感恩的心　／154

五、与员工一起制定他们的职业生涯　／154

第三章　用工作绩效提升员工的价值

绩效的考核是酒店管理的重要工作，绩效的考核结果应与提薪、奖金、提升挂钩，荣誉高于一切，追求工作卓越，实现职场成功。这叫做高薪留人。

一、绩效考核是餐饮企业重要的管理工作　／159

二、激励政策显神威　／160

第五篇　通向烹饪大师的门槛

第一章　我为中餐欢呼自豪

中餐这独特的中国创造，是一张响亮的中国名片，是国粹，博大精深，世界公认。二千多年前，中餐已走出国门。

目 录

第二章 烹饪大师的七道门槛

中国职业厨师800万,这些人如何提升为烹饪大师,人人向往,人人拼搏。如何打造成烹饪大师,要经过厨德和厨艺的七道门槛。

一、敬业乐业精业的职业态度 / 167

爱岗敬业、乐业精业、尽职尽责,是人生第一要务,这既是工作原则又是人生原则,也是人的宝贵财富。

烹饪是勤行,勤行的人就要勤,懒人是永远做不好烹饪工作的。

二、终身以学习为伴的进取精神 / 168

学习是培植智慧的工具,知识是全世界的营养品。缺乏知识就好像天空中没有阳光,鸟儿没有翅膀。

三、善于恕人的人脉关系 / 169

处理人际关系的四句话:把自己当别人;把别人当自己;把别人当别人;把自己当自己。

四、终身苦练基本功的毅力 / 171

五、善于识别食材和精选食材 / 172

东方美食集团董事长、烹饪大师刘广伟先生说:"厨师要认识500种以上的食材性格,名师要认识千种以上食材的性格,大师、宗师要认识更多食材的性格。"

六、善于调和滋味 / 173

"味"是中国菜肴的重要因素,是菜的灵魂和根本。同一原料,调味不同,风味也就不同。

七、善于烹制养生菜品 /175

烹饪的最终目的，是科学膳食，讲究营养，以满足人体发育和生理机能的需要。一句话，为了人们的养生。

（一）烹制养生菜的过程 /175

（二）关于烹制养生菜的三个问题 /177

结束语 从做好厨师开始 /178

附件 烹饪学三字经 /181

主要参考书目 /186

第一篇　以顾客为中心，一切为了顾客的满意

"以顾客为中心，一切为了顾客的满意"是国际服务质量标准的核心思想，而我国服务行业中仍有不少人对此很淡薄。为此，"'以顾客为中心，一切为了顾客的满意'的服务意识必须时时讲、天天讲、月月讲，做到在我国服务企业中人人皆知、深入人心"。这是中国旅游服务管理专家王大悟的话。

"以顾客为中心，一切为了顾客的满意"是"酒店这棵树"的根基，因此，我们把满足顾客需求定为铁律。

学习这一篇，不仅使酒店的服务意识大增，对自己从事的职业的自豪感、荣誉感也必将倍增，对服务者的角色要求和顾客的角色特征，都会在实际的工作中践行。白天鹅宾馆独创的 100 句经典箴言，典型的服务言语范例，餐饮服务、前台服务的守则和餐饮服务的禁条，都是具有指导性的、可行性的例证。

第一章　服务产业

服务产业中目前存在着两种思维模式，一种是以总经理为中心的思维模式，一种是以顾客为中心的思维模式。这里的根本差距是观念的差距，是把顾客放在什么位置上，服务的目的是为了什么。为了便于理解我用两个图表显示。

一、两种思维模式对比图

1. 以总经理为中心

图示1：

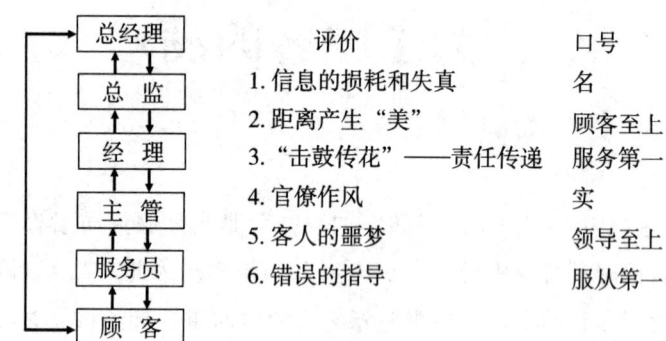

2. 以顾客为中心

图示2：

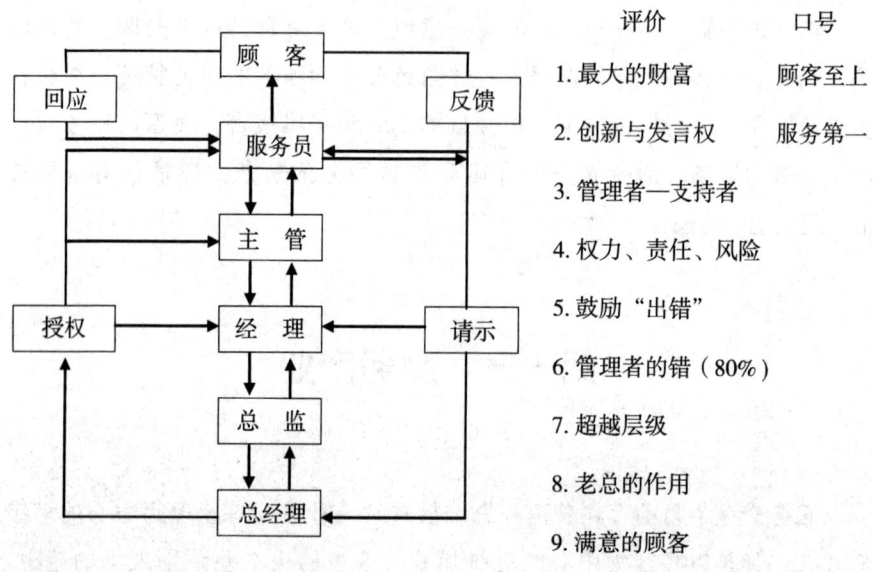

实行以顾客为中心，很关键的一点就是授权一线。授权就是授予员工使顾客满意的权力。授权是对员工的能力、信心和责任心的最有效的培训和激励。授予权力同时也就给予了压力，它调动了员工的创造性和积极性，服务员工会千方百计地以最快速度、最佳方式把客人的问题独立圆满地解决在第一线，而不再上交和推诿。

向一线面客的员工授权，四川海底捞火锅做得很好，不妨到网上一查。

二、服务产业的定义与在发达国家中所占的比例

1. 定义：最有前途、基础最厚、市场范围最广阔、最大的朝阳产业。
2. 服务产业在发达国家中所占比例：

全世界正在跨入一个"服务的年代"！

发达国家，每消费100美元之中，有50美元是服务消费。欧共体国家服务业的平均发展速度是其他产业的1.5倍，在世界商品贸易、知识产权贸易和服务贸易三大块中，服务贸易几乎占了一半。世贸组织1996年的报告说，1996年的国际服务贸易总额比95年增加了5%，达到1.2万亿美元，其中运输增长较慢，旅游业居中，而金融、保险、专利等部门最具增长活力——服务贸易领域蓬勃发展的大趋势。

美国3/4的劳动人口，日本近2/3的劳动人口都投身于服务行业。1995年服务贸易总协定成立与关贸总协定、知识产权总协定并列。

服务产品的内涵很广，国际标准归纳为12大类的服务。

1. 接待服务；2. 交通与通信；3. 健康服务；4. 维修；5. 公共事业；6. 贸易；7. 金融；8. 专业——建筑设计、勘探、法律、执法、安全、工程、项目管理、服务质量、咨询、培训、教育；9. 行政管理——人事、计算机处理、办公服务；10. 技术——咨询、摄影、实验室；11. 采购——签合同、库存管理、分发；12. 科学——探索、开发、研究、决策支援。

以接待服务为主的旅游业被排在首位，充分说明旅游服务在当今世界服务业中的重要地位。

发达国家在服务产业的就业者占全国就业者的60%—70%。

发达国家中的服务产业产值占全国产值的50%—60%。

世界三大经贸组织：关贸总协定、知识产权总协定、服务贸易总协定，其中服务贸易总协定的年营业额是关贸总协定和知识产权总协定年营

业额之和。

三、为什么说服务产业是最有前途、基础最厚、市场范围最广阔、最大的朝阳产业

1. 满足人类的需要

图示 3：

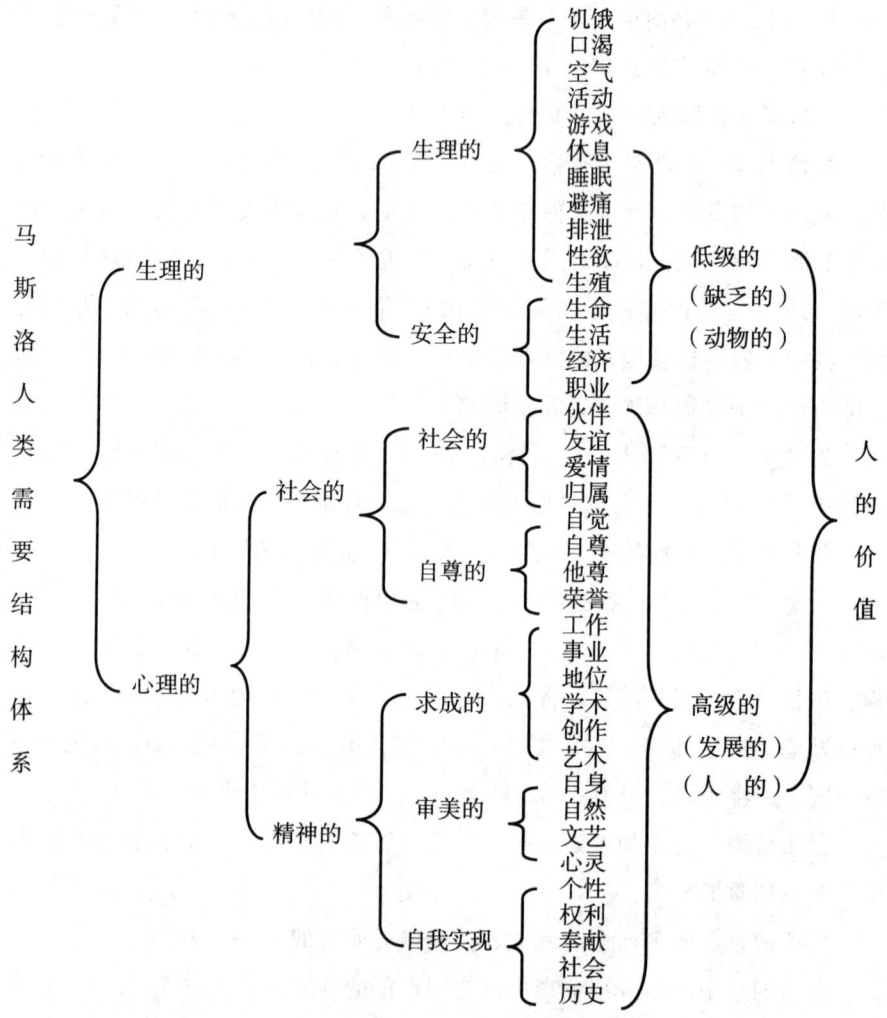

图示 4：

宾客需求与餐饮产品的关系

宾客需求	餐饮产品
直接需求： 解决饥渴、满足食欲、补充营养等。	直接产品： 餐厅食物、餐厅酒吧有关设施设备等。
间接需求： 安全感、支配控制感、信赖感、便利感、身份地位感、自我满足感。	间接产品： 安全、服务水平的一致、待客态度服务的系列化、环境气氛、适时、便利等。

2. 促进经济的发展

1）恩格尔系数。

食物支出金额/总支出金额

59%以上为绝对贫困

50%—59%为勉强度日

40%—50%为小康水平

30%—40%为富裕

30%以下最富裕

2）我国1980年至2007年恩格尔系数的变化。

图示 5：

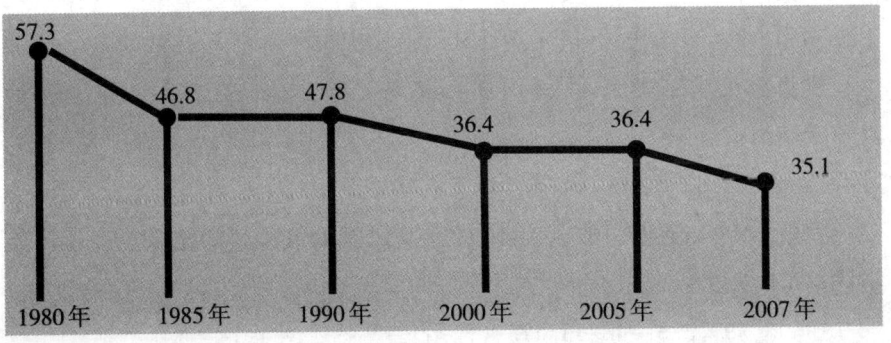

3）我国 2001 年至 2015 年餐饮业零售额的变化

2001 年，中国餐饮业零售额 3500 亿元。

2004 年，中国餐饮业零售额 7840 亿元。

2007 年，中国餐饮业零售额 12352 亿元。

2008 年，中国餐饮业零售额 15404 亿元。

2011 年，中国餐饮业零售额 20635 亿元。

2012 年，中国餐饮业零售额 23448 亿元。

2015 年，中国餐饮业零售额已经到达了 32310 亿元。

1999 年，中国城镇居民家庭平均每人全年外出就餐消费支出，全国平均 249.59 元，其中，广东人均 572.44 元，上海人均 538.24 元，浙江人均 439.36 元，江苏人均 284.08 元，安徽人均 187.44 元，江西人均 170.69 元。

2013 年中国人外出就餐花费 163 美元，比亚太平均水平高出 16%，比香港低。估计 2020 年将有 4 亿人外出就餐。

4）世界旅游理事会（WTTC）指出，全球旅游收入对国民经济总产出的乘数为 2.5，即 100 万美元的旅游收入可为其他行业带来 250 万美元的增加值。

我国 1996 年旅游总收入约 2487 亿元人民币，则旅游业对国民经济的总贡献额为：

$2487 \times 2.5 = 6218$（亿元）

我国 2005 年旅游总收入约 7650 亿元人民币，即旅游业对国民经济的总贡献额为：

$7650 \times 2.5 = 19125$（亿元）

我国 2009 年旅游总收入约 12600 亿元人民币，即旅游业对国民经济的总贡献额为：

$12600 \times 2.5 = 31500$（亿元）

我国 2011 年旅游总收入为 19305.39 亿元人民币，即旅游业对国民经济的总贡献额为：

$19305.39 \times 2.5 = 48263.475$（亿元）

我国 2013 年旅游总收入为 26276.16 亿元人民币，即旅游业对国民经济的总贡献额为：

26276.16×2.5＝65690.4（亿元）

我国2015年旅游总收入为34300亿元人民币，即旅游业对国民经济的总贡献额为：

34300×2.5＝85750（亿元）

四、服务产业人员由自豪感到实现最有前途者要解决目标、自信和养成良好习惯三个问题

（一）目标的威力

1. 美国哈佛大学对一群智力、学历、环境等条件都差不多的年轻人25年的跟踪调查显示，目标对人生影响是很大的。目标是人生的导航灯，是人的内动力。成功一开始仅仅是一个选择，选择有什么样的目标就会有什么样的成就与人生。

图示6：

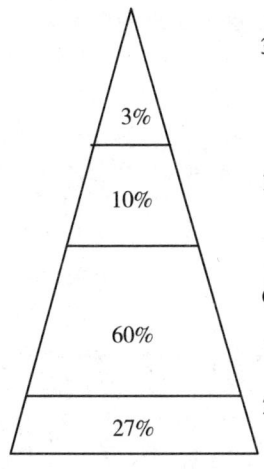

3%的人：25年不曾更改人生的长远目标，坚持不懈努力，最终成为社会各界顶尖成功人士，其中有白手创业者、行业领袖和社会精英。

10%的人：25年始终有清晰的短期目标，成为社会上的中上层，医生、律师、工程师、高级主管等。

60%的人：目标模糊，最终成为社会中下层，但能有个安稳的生活和工作。

27%的人：没有目标，一天一天混着过，处于社会最底层，处处不如意成为失业者、流浪汉、靠社会救济生活，常骂娘。

2. 目标的威力可以归结为：

没有目标，就不会努力——不知道为什么要努力；努力工作不断自我提高，永远追求更高的目标。

没有目标，几乎同时失去机遇、运气、别人的支持。

① 给人的行为设定明确的方向，使人充分了解自己每一个行为的目标。

② 使自己知道什么是最重要的，有助于合理安排时间。

③ 迫使自己把握今天、珍惜明天。

④ 能清晰地评估每一个行为的进展，正面检讨每一个行为的效率。

⑤ 使人能把重点从工作本身转移到工作成果上来。

⑥ 使人在没有得到结果之前，就能"看到"结果，从而产生持续的信心、热情与动力。

3. 中国餐饮企业百强净雅的目标是使企业成为一个文化经营型组织，即以品牌附加值作为企业利润增长点，以经营文化为企业经营主要手段的学习型组织。这样的企业不以有形产品，而更多地以企业的品牌和文化附加值来赚钱。董事长张永舵说："必须要有远大的目标、使命感。假如没有远大的目标、崇高的使命感，企业家也好，思想境界都很难得到提高。"

（二）坚定的自信心

自信心是比金钱、势力、家世、亲友更为有用、更为可靠的资本。

1. 建立自信的四把钥匙：

① 发挥潜意识的作用；

② 做自己害怕的事情；

③ 给自己的日常生活制订一些小计划；

④ 不断充实自己，优先发展自己的强项。

2. 自信心的树立也要经过一个训练的过程：

① 自信行为训练一：我爱我自己，我喜欢我自己；我爱"东方红"，我喜欢"东方红"。

② 自信行为训练二：我棒，你也棒，"东方红"更棒。

③ 自信行为训练三：快速行动，马上行动，以"东方红"为荣，为"东方红"增光。

3. 东方红大酒店员工培训宣誓誓词与东方红大酒店管理人员培训自信行为训练表演。

"东方红"大酒店员工培训宣誓誓词

从现在开始,我将忠实地服从培训安排,认真学习,积极参与,绝不放弃。

今天,我将开始新的学习,我将学习新的知识,那就必须改变自己,从此时此刻开始,我要成为一个全新的人。

今天,我要珍惜生命中的每一天,我愿意让自己有一个永恒的动力,我愿意做出让别人羡慕的好成绩。

今天,我要充满激情地来学习。

今天,我充满自信,我有无限潜能,我能学好一切知识,做好一切工作。

今天,我要坚持不懈,直到成功,我不怕挫折,不怕失败,只要持之以恒,我终会成功。

今天我要养成良好的习惯,全心全意去实行。因为我深知好习惯是开启成功的钥匙,坏习惯是一扇向失败敞开的门。

今天,我要开发大脑潜能,我能记住所有学过的知识。

今天,我振臂狂呼:我要成功,我一定要成功!

宣誓人:

年　　月　　日

"东方红大酒店"管理人员培训自信行为训练表演

作为员工的自豪源于对"东方红大酒店"的自信,对自己从事工作的自信,对"东方红"这个和谐团队的自信,请看"东方红大酒店"员工自信行为训练表演:

	我爱我自己，我喜欢我自己，我爱"东方红大酒店"，我喜欢"东方红大酒店"	
自信行为训练（一）	方式	语言
	1 站立高声诵读两遍	我爱我自己，我喜欢我自己！
	2 面对面站立高声诵读三遍	我爱"东方红"，我喜欢"东方红"！
	3 面对所有员工	我欢迎你，你是最棒的，你一定会成功；我们是最棒的！
	4 同时振臂高呼	我们要成功，我们一定要成功！
	我棒、你也棒，"东方红大酒店"更棒！	
自信行为训练（二）	方式	语言
	1 站立高声诵读两遍	我棒、你也棒、"东方红大酒店"更棒！
	2 右手拍左肩、右肩、前胸	我真的很棒！
	3 左手拍右肩、左肩、前胸	你真的很棒！
	4 双手拍双肩、前胸	我们真的、真的很棒，"东方红大酒店"最棒！
	快速行动、马上行动，以"东方红大酒店"为荣、为"东方红大酒店"增光	
自信行为训练（三）	方式	语言
	1 站立高声诵读加击掌两遍	马上行动、快速行动！
	2 甲、乙面对面	甲：我是一个快速行动的人！
		乙：我会快速把不良习惯改掉！
		甲：我会快速让好习惯伴我终生！
		乙：我会快速把文明礼貌奉献给客人！
		甲：我会快速让礼貌之风吹遍"东方红大酒店"！
		乙：我是一个积极行动的人！
	3 同时振臂高呼	我必须快速行动，我一定雷厉风行！以"东方红大酒店"为荣，为"东方红大酒店"增光！

（三）良好的习惯

1.习惯，是由于重复或练习而巩固下来的并变成需要的行动方式。良好习惯有利于人和集体生活的安排，不良习惯则起着有害影响。

2.一个成功者必须具备的十二种良好习惯：

① 争分夺秒：学会和时间赛跑；

② 敏而善思：用思想改变人生；
③ 行动至上：千里之行始于足下；
④ 勤奋俭朴：汗水浇灌成功之花；
⑤ 积极学习：拒平庸于千里之外；
⑥ 健康快乐：身体是成功之源；
⑦ 诚实守信：品质的魅力高于一切；
⑧ 宽容忍让：容人的力量是无穷的；
⑨ 乐观自信：完美人生的强大支点；
⑩ 持之以恒：渡过一切难关的保障；
⑪ 坚决果断：当断不断害人害己；
⑫ 团结合作：双赢胜于单赢。

3. 优秀员工的十个习惯：

为目标为动力，不断学习、进取、向上。

优质服务的实质是员工的一种习惯，培养员工形成良好的服务习惯，单位应将优质服务的大目标分解成不同的小目标，为员工提供具体可行的操作指引，不然优质服务只能永远是一句冠冕堂皇的空话。

员工如果能够养成以下十个习惯，这个员工一定是一个优秀的员工，这个单位一定是一个优秀的旅游服务单位。

第一个习惯：员工必须知道单位的目标价值观，没有愿景就没有服务质量。单位远景或长远观念、信条和自己的工作范围，目标的追求就是利息。单位目标要靠全体员工的努力才能实现，只有管理层知道的目标是没有根的目标，员工最需要知道的是单位对自己的期望和要求。员工对这些目标认知和理解直接影响单位的服务质量。创造优质服务的背景和环境因素，个人目标与单位目标结合，产生优质服务的环境。每位员工都有义务理解单位的目标，并应进一步知道围绕这个根本目标制定的各种单位的战略与这些战略与员工的关系。

第二个习惯：员工都必须做到：尽量使用客人的名字称呼客人，预见并满足客人的需求，热情亲切地送别客人。

使用客人的姓氏称呼客人，表达了对客人的尊重和关注。

满足客人的需求是对服务的基本要求，但要做到宾至如归，就必须在实践中不断总结，做到预见客人的需求，在客人还没有提出或客人认为是额外的服务不好意思提出时，就主动帮助客人解决困难。

不要忘记做好送客工作，亲切地把客人送走，整个服务过程才算结束。

第三个习惯：员工在工作时间不应使用客用设备设施，在任何时间、地点、行动都应该以客为先。

员工应该培养服务意识和单位意识，旅游服务意识和单位意识是指旅游单位员工的言行举止应该有旅游从业人员的职业素质和风度，应该做到：

1. 礼貌：见到客人和同事应该打招呼，问好，并主动询问客人是否需要帮忙。

2. 三轻：走路轻、讲话轻、操作轻。

3. 安静：有客人在时应该停止内部的对话，转而关注客人的需求。如果在和另外的客人讲话或通电话时，应该用眼神和客人打招呼。由于工作需要乘客用电梯时应保持安静，不要大声和同事或其他客人讲话。

4. 回避：做客房清结卫生时，如果住客回房间应该主动询问是否打扰客人了？

主动回避——遇见客人隐私应主动回避。

5. 礼让：客人使用单位公共设施时就该自觉礼让，让客人优先使用。如让客人优先出入电梯，在走廊通道礼让客人先走等等。

6. 方便：服务是为了方便客人，服务人员不应该因为正在为客人服务而使客人不方便。如在清结公共卫生间时，如果有客人使用，应该先让客人使用，然后再继续清洁；客人入住高峰时不应该安排大堂地面打蜡；客人使用电梯时，不应该抢先在里面打扫；陪同客人到单位内的目的地，而不是仅指明方向了事……

第四个习惯：保证对你面前3米内的客人和员工微笑致意，并让电话中的客人听到你的微笑。

微笑是旅游从业人员的重要习惯，微笑不仅会带来客人的喜悦，而且可以化解客人的不满。我们不仅要求员工保证向客人微笑，更重要的是使微笑成为员工生活的一部分。

第五个习惯：为满足顾客的需求，充分运用单位给你的权力，直至寻求总经理的帮助。

满足顾客的需求是单位获取利润的源泉，只要是为了满足客人的需求，员工应该对自己的判断力充满信心，运用单位的授权解决客人的困难，如果需要的话，不要吝啬向其他部门的同事和上级管理者寻求支持和援助，直至勇敢地直接向总经理寻求援助。

单位管理者应该鼓励和培养这种全心全意为顾客服务的精神和勇气。

第六个习惯：员工必须不断认识单位存在的缺点，并提出你的改进意见、建议，使单位的服务和质量更加完美。

事业留人、感情留人、待遇留人。

任何一个单位都存在无数的缺点，单位只有不断改进才能适应不断变化的竞争环境。单位管理层应该创造一个让员工消除恐惧心理的开放环境，用对待客人投诉的态度和方式对待任何员工的意见和建议。

第七个习惯：积极沟通，消除部门之间的偏见。不要把责任推给其他部门或同事，在工作场所，不要对单位做消极的评论。

当客人提意见时，员工把责任推到其他同事或其他部门，甚至推到领导身上的事例屡见不鲜，他们不明白客人考虑的不是这单位中的哪一个部门或哪一个人的责任，而是这单位要负责任。员工这种推卸自身责任的态度会令客人更加不满，进一步损害单位的整体形象。因此单位服务中内外有别是必要的，对内要分清责任，对外要维护单位整体形象。

第八个习惯：把每一次客人投诉视为改善服务的机会。倾听并用最快的行动解决客人投诉，保证投诉的客人得到安抚，尽一切努力，重新赢得客人的信任。

员工必须认识到，没有一个宾客是愿意投诉的，员工应该把客人每一次投诉看成一次留住客人的机会，必须尽一切办法，快速回应，解决问题，再次赢得客人对单位的信认。

第九个习惯：制服要干净整结、合身、鞋要擦亮，仪容仪表端正大方，上岗时要充满自信。

员工在上岗时精神饱满，着装整齐，充满自信，不仅表达了对客人的重视和尊敬，而且能够充分展示单位的形象和管理水平。

自信心来源于对工作的驾御能力，满意度和相关知识。

自信的员工才会有工作的自豪感。

自信的员工才会得到客人的尊重。

第十个习惯：爱护单位财产，发现单位设备设施破坏时必须立即报修，不爱护单位的资产就等于增加单位的经营成本。

没有维修保养意识，不及时维修，新设备也会很快陈旧。

旅游单位不必追求豪华的装修和装饰，但必须有完好常新的设备，员工要努力创造一个让客人惊喜的居停环境。

4. 如何让坏习惯远离你而去，如何让好习惯伴你终生，这里有一个自我反省表，可以照此做做。

自信行为训练——自我反省
李　某

以目标为动力，不断地学习、进取、向上。

一、我的长远目标有无，现在的长远目标是什么？

答：有。我的长远目标就是像我姐姐那样有自己的公司，自己当老板，虽然可能我将来没有像姐姐那样有本事，但我会以她为榜样，永不放弃。

二、我的短期目标有无，现在的短期目标是什么？

答：有。我的短期目标是：①在×××大酒店工作，把自己的工作认真、仔细地做好。②把外语学好，争取考等级证书。③多学习一些关于服务管理方面的知识，不断充实自己。④向其他同事学习，取长补短。

三、自我反省

我的不良习惯	此不良习惯如果不改给我带来的最坏结果是	改变此不良习惯给我带来的好处是
1. 喜欢熬夜，早上习惯睡懒觉	上班无精打采，没精神，做事情做不好	上班精神抖擞，充满活力，做事也能做好
2. 吃饭挑食，爱吃零食	营养不均衡，导致身体营养不良，危及健康	身体健康
3. 我性格有点内向	会失去很多好的机遇	能结交更多的朋友，性格开朗，心情变好，对工作有帮助

续表

我的不良习惯	此不良习惯如果不改给我带来的最坏结果是	改变此不良习惯给我带来的好处是
4. 胆子特小	干什么事情都害怕,结果什么都干不了	大胆进取,上进
5. 乱花钱	买了一些无用的东西,结果存不住一分钱	可以存住钱
6. 躺着看书	眼睛近视	保护视力,视力也慢慢恢复

四、我的好习惯

一、我非常爱干净,不管是家里,还是宿舍都收拾得非常干净
二、我的性格很好,脾气也好,不乱发脾气
三、喜欢看书、读报
四、我喜欢交朋友
五、我喜欢做手工制品,还有做饭
六、我觉得我最大的优点是微笑,我非常喜欢笑

打造出属于自己的一片天地

刘 某

一、我的长远目标有无,现在的长远目标是什么?

我有我的长远目标。我现在的长远目标是三年之内我要成为酒店的中层管理者。在五年内成为上层管理者,打造出属于自己的一片天地。

二、我的短期目标有无,现在的短期目标是什么?

我有我的短期目标。我现在的短期目标是,在半年内成为部门中最优秀的员工,认真做好自己的工作,努力向基层管理者迈进。

三、自我反省

我的不良习惯	此不良习惯如果不改给我带来的最坏结果是	改变此不良习惯给我带来的好处是
1. 说话声音太大	与人交流时容易产生误会以为我在发脾气,关系会慢慢疏远	朋友之间更好的交流与沟通,关系更加融洽

续表

我的不良习惯	此不良习惯如果不改给我带来的最坏结果是	改变此不良习惯给我带来的好处是
2. 生气时不理人	会导致误会更加严重,会使自己处于离群状态	减少心理压力,变得轻松开朗
3. 挑食	营养失去平衡,对身体不好	全面补充营养,有利于身体健康
4. 晚上吃零食	对牙齿不好,身体容易发胖	最大的好处是有利于健康,减少蛀牙
5. 早上爱睡懒觉	会产生赖床的念头,越来越懒	早起床运动对身体好
6. 晚上熬夜	经常有黑眼圈,容易变老	气色好,白天看起来有精神

四、我的好习惯

1. 有耐心认真:无论做什么我都是把事情做好做完才会离开,没有完成事情我不会罢休。

2. 节俭:尽量少花钱,坏的东西修好继续用,能不买的东西就不买。

3. 一周修一次指甲:从不让指甲里有脏东西,因此每周都会修。

4. 每次吃饭时我都是先让长辈坐下后我再坐下。

5. 我换洗的衣服绝不让它过夜,都是换下来衣服马上清洗干净。

6. 嘴严:只要是我答应别人不对外人说的事情,我一定会遵守承诺、保守秘密。

(四)坚持不懈终会成功

如何对待他人,如何约束自己,如何克服困难提高自己,最后得到成功。应当学习西方世界的商业圣经《世界上最伟大的推销员》这本书,学习在市场经济中的为人之道,人生的价值。

(五)服务意识培训小结三则

1. 先做人　再做事
曾　某

一周的培训结束了。通过一周的学习,让我对自己有了更深的认识,我很惭愧,是因为自己从事酒店行业几年里,自认为对业务有了一定了解,可在讲解中,才知道自己和专业酒店人相差甚远。让我更加清楚在以后的工作中怎样突破自己,把所学到的融入到工作中,成为一个真正的职业酒店人。

第一,在教授的讲课中,就酒店的发展战略、业务概况、规章制度和员工的职业素养方面进行了深入系统的培训。在以下几个方面我领悟颇多。先做人,再做事。学会做人才能游刃有余。学会做事,才能在工作中厚积薄发。这样使我们更加明确了我们的目标是什么?更明确了我们的工作责任、社会责任和自我责任。我们每个人在工作中更要勇于承担责任,对自己严格要求,并不断超越,才能打造出酒店卓越的经营效益。

第二,员工敬业精神和专业精神,具体而言是要求我们每一个人都要成为职业化员工。教授在授课中讲到,细节决定成败。所以我更应在工作中体现出来。良好的工作技能和方法更是职业化员工必不可缺的。比如:待人接物的技巧,提高工作的技巧,表达能力和合作技巧。这些都是细节的体现。需要在平时生活中不断学习和积累,把自己塑造成职业酒店人。

第三,加强和同事沟通形成团队作战力量。只有团结、互助、互相关心才能把工作做到得心应手。和谐的工作环境更能创造出有效的价值。

爱身边每一个人,把客人当亲人,视客人为家人。"客人永远都是对的"是酒店的经营理念,就让我们牢记这句话共同创造酒店美好的明天。

2. 一个服务者既光荣又苛刻

李 某

培训?什么是培训?以前哪里知道,只知道是听听课,做做笔记,然后背一背,就 OK 了,到现在我才知道,培训不只是我想象中那么简单。它使我学会了很多东西,让我知道了怎么样才能做一名合格的服务者,还让我懂得做人从事的基本原则与做法。总之让我受益匪浅,我爱我自己。

虽然只是短暂的几天培训却让我知道了作为一名服务员是多么的光荣,是多么的苛刻!别看只是服务那么简单的两个字,它却含着那么多的知识与关系。以前我只是单纯地认为服务只是简单的对客服务,哪有那么多的要求和内涵。到了现在,我才明白,一名服务者是那么的神圣,是那么的伟大。所以我将为我要成为东方红大酒店一名员工而自豪。

再回忆起来在以前酒店的生活，唉，到头来一无所获，什么也没学到，天天只是混日子。就连最基本的都不懂。而当我来到这里，我才觉悟到我以前并非一名合格的服务者，只有这里才能将我培育成为一名合格的优秀的服务者，只有这里才是我发展的基地。

那么到底什么是服务呢？如果是以前，我低头沉思老半天，也说不出一个所以然，但是现在我会毫不犹豫地回答你，"服务就是有形的物与无形的服务行为相结合，二者缺一不可。"我为什么会说我会因为我是一名服务者而感到自豪呢？因为我选择的是服务行业，而服务者就是属于这一行，服务行业是最有前途，基础最厚，市场范围最广阔，最大的朝阳产业。而酒店却又是服务行业的龙头老大，怎么样？够实力的吧！所以我会为我自己成为这个行业的一员而感到无比自豪。

作为一名服务者给客人的不仅是简单的服务而是还要给客人优质的服务。这两点是成为一名成功的服务者必须具备的。那么，怎样才能真正成为一名成功的服务者呢？只有经过认真的、自信的学习培训，然后运用到实践中去才能成为一名优秀的服务者。要知道成为一名优秀的服务者不是那么简单的，所以，我要加倍努力，认真的学习培训，并在实践中灵活运用，争取早日成为一名优秀的服务者。

当我听到教授讲课，他的学生也都是服务者，而且有的还为国家元首及一些国家的领导服务过，当我看到那一张张让教授骄傲的照片时，我的心里立即踊跃出一种力量，催促我前进的力量。我羡慕你们，因为你们是那么的光荣，所以我要以你们为榜样，努力争取，早日也像你们一样甚至要超越你们。

"东方红大酒店"我爱你！因为你给了我前进的动力，是你让我找到了成功的目标。"东方红大酒店"我欣赏你：因为你拥有无穷的魅力。你拥有强大的后盾。"东方红"你是最棒的，我也是最棒的，是你给了我新的目标与方向，是你给了我自信，是你让我知道养成良好的习惯，是你是你都是你。我现在所拥有的这么多的财富全是因你而得到的，要我怎样报答你呢？我想只有努力学习，认真的工作，才是报答你的最佳方式。

感谢你"东方红"。不管我能否成为你真正的一员，我都要感谢你，因为是你给了我人生中的第一笔财富,是你给了我这次培训的机会,让我感到丰收的喜悦。总之,"东方红大酒店"我跟定你了,你可千万不要抛弃我哈!我是你的家人嘛,我是不可能离家而去的,你也不会不要你的家人的,是吧!

从现在开始,我要为我的家人增光,为了自己增光,最后,我要对我的家人大声地呼唤,我要成功,我一定要成功。

3. 春雨滋润干土,知识浇灌渴望

刘某某

"培训是文化,培训是管理,培训是哺育,培训是尽责",在培训前,首先映入眼帘的是这四句话,起初真的是不甚了解,但随着培训的深入,这四句话已如太阳般深入我心,温暖我心,并鼓舞我心。

感想一 绝对挑战

一直喜欢看湖南电台的"绝对挑战"栏目,讲的是平常人在各个方面挑战大明星,以前看时每次都在激动的期待节目的最后结果,培训后再去看这节目,心中才恍然大悟,原来自己期待的是挑战目标的成功与否。

目标不能决定一切,但它就像一艘航船中的罗盘一样,如果航行中的船没有罗盘,就不知道向哪个方向行,什么时间到达等等,这样的船只只有逆风,不会有顺风。我们人生也一样。失去了目标,也就失去了导航灯,在我内心深处也曾有过很多的目标,但却都被掩藏在黑暗的角落,没有真正指引过我的行动。

经过培训,我真正感到了目标的文化内涵和目标的重要性,普通人可以把大明星当成目标来挑战,那么作为普通人的我呢?我也能向自己的目标挑战,我已在培训中重新确立了自己的短期目标与长期目标,我决定打开内心所有黑暗的角落,释放自己的心怀,让目标占领,我要迈着坚定的步伐,挑战自我,挑战自己的目标,誓必达成。

感想二 行动大于坐等

"山重水复疑无路,柳暗花明又一村",中国古人尚知行动如此重要,何况我们现代人?!

马上行动,快速行动。

甲：我是一个快速行动的人。

乙：我会快速把不良习惯改掉。

甲：我会快速让好习惯伴我终生。

乙：我会快速行动，我雷厉风行。

每次听着这慷慨激昂的宣誓，我的内心就热浪滚滚，似乎自己已投入到快速行动的队伍中，在实现自己的目标。

要行动就会自然而然地超越，超越别人不重要，超越自己才是最重要的。以前的我不是一个快速行动的人，因为缺少目标的指引，缺少行动的恒心，更因为有惰性的拖累。以前从来没有认真检讨自己的惰性。在那次"坏习惯，好习惯"的调查中，我的答卷是经过认真检讨并重新认识自己之后才写上去的，在那时才清楚地知道自己是多么多么地需要改变，坏习惯可以让我从绿洲的边缘掉入干涸的荒漠。想着自己的坏习惯，我浑身冒冷汗，尤其是想到由坏习惯所带来的最坏结果。我的心在震颤着告诉自己："不能再等了！我要快速把不良习惯改掉，要让好习惯伴我终生"。机会是在行动后降临的，不是坐等能来的。"机会是留给那些有准备的人"，我深信。

习惯决定命运，我要有好的命运，我一定要行动，快速行动，养成更多更好的习惯。

感想三　用心做事，创新取胜

"取火莫若钻燧，汲水莫若凿井"，培训中真正让我体会到这句话的涵义：用心做事重要，创新更重要！

"酒店应当给客人创造一个表演的机会，例如可以让客人自己去厨房做菜……""我们要想点子满足客人，例如婚宴中可在某特定的菜品中放上金器，让客人获得意外的惊喜，达到最好的口碑效应……"听着刘教授这些动人的讲解，我像一个初生的婴儿般贪婪地听着每句话、每个字，生怕少吸收哪怕是一个字的营养。我喜欢这些营养，它如春雨般滋润我心灵的每一份土地。

用心做事，我们：

1. 要做别人未曾做到的事；

2. 要做别人想做而未做的事；

3. 要做别人不敢做的事；

4. 要做别人不愿做的事；

5. 要做别人不能做的事。

创新与学习是分不开的，只有不断地学习，才会有更多的创新，我一直都坚持学习。

我懂得学习的重要，但过去却没有把学习的东西用于创新上，现在我会在终身学习观点的基础上，有针对性地学习，并把创新完全融入到自己的工作中，做到尽早进入角色，塑造自己，成为一名优秀的"东方红"人。

感想四　信心百倍，勇往直前

自信是比金钱、势力、家世、亲友更为重要的，更有用的，更可靠的资本。温家宝总理曾在两会记者会上说了一句让中国人备受鼓舞的话："心暖则经济暖"，这句话不就是让我们中国人对自己的经济充满信心吗？在这里，我想说一句话：心暖则"东方红"暖！我对我自己充满信心，同时更对"东方红"充满信心！

我爱我自己，我喜欢我自己。

我爱"东方红"，我喜欢"东方红"。

我棒你也棒，"东方红"更棒。

这些都是自信训练中的话，我爱读，爱大声朗读，这些话给了我力量，让我能放开自己，让我充满信心！我承认自己以前不是一个自信的人，经常羡慕人家的优点，从而夸大自己的缺点。经过培训，我觉得自己整个人变了，变得有激情，有精神了。培训真地哺育了我，我受益于培训，欣赏着自己的改变，乐于其中。我不会再气馁，不会再怨气满腹，因为我有信心了！

感想五　挑战与竞争同在，压力与动力同行

面对如此正规的培训，如此严格，如此到位，以人为本的培训，我的心中存在压力。但没有被压力吓倒，因为我有目标，且会行动起来，快速改掉不良的习惯，养成好习惯。还有终身学习的观点，更有勇往直前的信心。我要把这压力变成我行动的动力，要自我竞争，要让挑战与竞争同在，压力与动力同行！

"莫道今年春将尽，明年春色倍还人"，只有信心才能产生力量和勇气,"东方红"用培训的春雨滋润着我们懵懂的心灵,用知识的海洋浇灌着我们对新知的渴望,我感谢"东方红"。

感谢领导,也感谢将会帮助于我的各位同仁,我对"东方红"充满信心。我相信"东方红"酒店的明天春色会更美,更动人。

第二章　接待服务

"服务"一词本义源于拉丁语,有仆从、军人、侍神者三种含义,是官僚机构、军事组织和教会的产物。服务在这里的全部内涵就是"为爱人类、人类的幸福以及更加美好的生活而努力。"终归而一,即不求报酬,对社会需求无私奉献的行为。

图示7:复合服务的一般状态(部分)

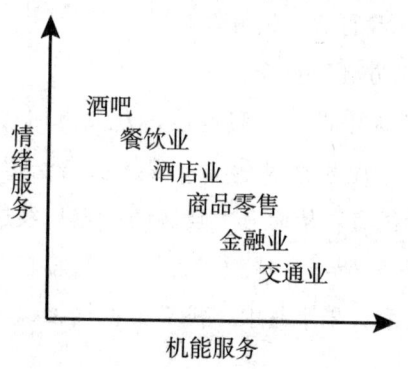

一、接待服务的定义

接待服务是有形的物与无形的服务行为相结合的产物,二者缺一不可。

餐厅里出售的食品是物,而这些物又必须通过服务者的一系列服务行为,才能成为顾客享受的美味佳肴。因此我们说接待服务是最富"人性"的服务。

二、服务的七大要素

图示 8：

Smile	微笑
Excellent	出色、一流
Ready	准备好
Viewing	看待
Inviting	邀请
Creation	创造
Eye	眼光

图示 9：

1995 年饭店业利润集中化情况（单位%）

	饭店数	客房数	营业收入	利润	收入利润率
国有饭店	66.4	64.7	42.0	24.2	2.36
合资饭店	15.7	22.0	43.9	81.0	8.46
500 间以上的饭店	1.8	15.0	23.7	97.5	18.86
五星级饭店	1.0	4.2	15.2	62.3	18.71

图示 10：服务因果关系图

服务行	顾客态度	顾客满意
现场环境条件等	临场状态等	对高水准服务的认可

独立（原因）变量　　媒介变量　　从属（结果）变量

服务因果关系图是说优秀服务如何被顾客所接受的独立变量对一个单位来说，基本是独立的，渐变的，关键是媒介变量中的两个变量，一个是顾客态度，另一个是临场状态等。这两个因果关系中关键的关键又是服务者临场的应变能力。这是我们要培训、要提升的。解决了临场应变能力，顾客的态度也就相应地解决了。结果变量就成了理所当然、顺理成章的必然结果。

图示11：服务促成人类幸福图

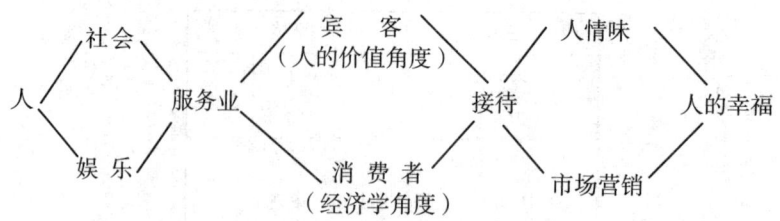

服务促成人类幸福图是说有人类的地方就有服务业，关键是你从什么角度接待，接待服务是把人当成宾客，家人，亲人，用亲情服务去接待，人们自然就产生了幸福感，得到了幸福，实现了双赢。

图示12：罗斯德恶性循环分析理论示意图

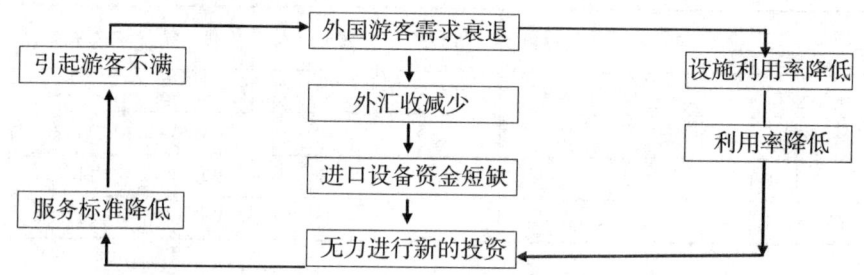

（一）微笑

1. 对服务行业与服务人员来说，微笑的含义是这样的：

微笑是种美德、是种奉献，是种善心、爱心、信赖、友情。微笑是种努力的产物。

2. 对顾客来说，微笑的含义也是这样的：

微笑对顾客来说是种享受、是阳光、是快慰、是宁静之感。微笑可以缩短与客人之间的距离。做到心里相近，心理相通。

3. 微笑的作用：

微笑是最美丽的化妆；微笑是沟通心灵的金桥。

微笑是最好的推销；微笑是世界性语言。

4. 微笑诗：

微笑一下并不费力，但它却产生无穷的魅力。

受惠者成为富有，施予者并不变穷。

它转瞬即逝，却往往留下永久的回忆。

富者虽富，却无人肯抛弃；

穷者虽穷，却无人不能施予。

它带来家庭之乐，又有友谊绝妙的表示。

它可使疲劳者解乏，又可给绝望以勇气。

如果你偶尔遇到某个人，没有给你应得的微笑，

那么将你的微笑慷慨地给予他吧，

因为没有任何人比那不能施于别人微笑的人更需要它！

5. 我们要求自发内心情感的微笑。

如何养成善于微笑的习惯呢？一方面要进行礼貌的修养教育，另一方面还需要进行训练。

（二）优秀、出色、一流

1. 讲究细节，追求卓越。

2. 服务行业的服务质量公式：

$$100-1=0$$

服务行业特别强调团队精神，如果不是每个人的优秀，就会造成1％的失误导致100％的失败。

3. 服务优秀的具体要求：

凡是客人看到的，都必须是整洁的、美观的；

凡是提供给客人的设备、用品，都必须是安全有效的；

凡是提供给客人的服务，都必须是热情、友好、方便、周到、规范、高效的。

4. 口碑效应公式：

$$1=326$$

口碑效应公式：$1=326$ 的由来：

一个满意或不满意的顾客，他会向26个人述说他受到的礼遇或不公平待遇。当这26个人向别人述说时，10个人中有33％的人相信他的述说，每个相信者又会向20个人述说，这就形成了口碑效应公式：

1×26×10+10×33%×20=260+66=326

(三) 准备好

1. 物质方面的准备好。

2. 个人硬件、软件（含知识方面）的准备好。

3. 精神思想方面的准备好。

(四) 看待：把顾客当作贵宾、上帝看待

1. 国际上把顾客当作贵宾看待的实例不少。用心服务、心中装有客人，积极的服务心态。

2. 把顾客当作上帝看待要解决的三个问题：

顾客至上，客人永远都是对的，服务者要摆正与客人之间的关系。

3. 顾客至上的含义：

① 我们的收入来自客人的消费，客人是我们的衣食父母。

② 客人不是慈善家，客人需要我们提供优质的服务。

③ 我们为客人提供的服务依据是客人的需求与服务标准。

④ 用优质的服务感化客人，不要被社会的陋习所同化。

⑤ 宁愿自己辛苦麻烦，也要为客人创造方便、欢乐。

⑥ 发生矛盾，不要与客人争辩。

⑦ 客人至上的实质是对客人的充分尊重和关怀。客人至上是服务意识的根本。

4. 客人永远都是对的含义：

① 要充分理解客人的需求；

② 要充分理解客人的想法与心态；

③ 要充分理解客人的误会；

④ 要充分理解客人的过错；

⑤ 把理把对让给客人。一切都是为了客人的满意。

5. 服务者要摆正与客人之间的关系：

① 服务者与客人之间，人格上是平等的，角色上是不平等的；

② 客人处于主导、支配地位，服务者处于被支配地位。

(五) 邀请——邀请顾客再次光临

1. 做好本次服务；记住宾客；让宾客记住你。

2. 开展友谊跟踪服务。

3. 回头客的来源是——满意者与投诉者。

这里并不是说，每个投诉者都是回头客。96％的不满意顾客不会向经营者投诉自己受到的不公平待遇。90％的不满意顾客将永远不会再光顾你的企业，只有承受重大损失或受到极大侮辱时才会愤然投诉，这时正是考验你的企业化干戈为玉帛的本领。我所说的投诉者成为回头客就是这位化干戈为玉帛的顾客。

（六）创造

1. 为客人创造一个优美、舒适、氛围好的环境。

2. 每个服务者都是一位艺术家、设计师。

（七）眼神

1. 用友好的目光关注宾客。

2. 服务者要有灵活性、悟性，眼观六路，耳听八方。

3. 交往中，时刻注意对方眼睛在"说话"——内心秘密的17种表达方式：

① 交谈时注视（不是凝视）对方——以示对对方重视

② 走路时双目直视，旁若无人——表示高傲

③ 频频左顾右盼——表示心中有事

④ 对来访者只招呼而不看对方——表示工作快而不愿接待

⑤ 交往时互相正视片刻——表示坦诚

⑥ 交往时互相瞪眼——表示敌意

⑦ 交往时乜斜着扫一眼——表示鄙夷，不满意，看不起

⑧ 交往时正视逼视——表示命令

⑨ 交往时不住地上下打量——表示挑衅

⑩ 交往时翻白眼——表示反感

⑪ 交往时一对眼睛眨个不停——表示疑问

⑫ 交往时双眼大睁——表示吃惊

⑬ 交谈时眯着眼睛——既可表示高兴，也可表示轻视

⑭ 交谈时左顾右盼偷窥——表示困窘

⑮ 交谈时行注目礼——表示尊敬

⑯ 对陌生人快速看一眼——表示注意到他，但不可盯着对方的眼睛，使人感到不安。

⑰ 完全不看对方——表示对人不感兴趣或表示彼此有一定距离。

4. 目光接触的技巧：

"生客看大三角，熟客看倒三角，不生不熟看小三角。"

与不熟悉的顾客打招呼时，眼睛要看他面部的大三角：即以肩为底线，头顶为顶点的大三角形。

与不生不熟（较熟）的顾客打招呼时，眼睛要看着他面部的小三角：即以下巴为底线，额头为顶点的小三角形。

与很熟悉的顾客打招呼时，眼睛要看他面部的倒三角形：即以眼睛为底线，鼻子为顶点的倒三角。

图示 13：

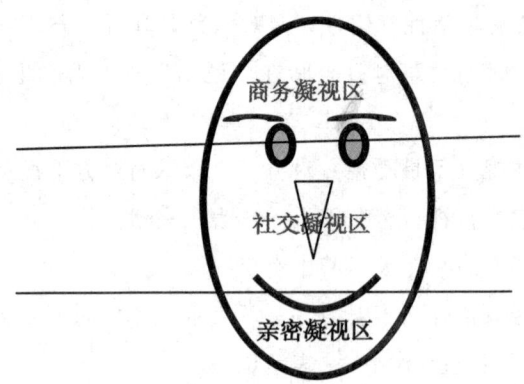

三、服务的本质

1. 服务是产品，服务是一种商品。

国际质量管理界为在服务中也能有效地推行质量管理，把服务归入产品系列，服务属于产品的一种类别，这是世界服务管理的一个里程碑。

2. 服务的本质：服务是一个高尚的爱的领域，服务就是奉献、就是一种人际关系，服务是种精神、是种科学、是种哲学、是种方法。

3. "饭店之父"斯塔特勒曾说过："饭店出售的商品只有一个，那就是服务。能为顾客提供优秀服务的饭店是成功的饭店，而为顾客提供劣质服务的饭店是失败的饭店。"

4. 典型的服务言论范例 60 句。（见附件）

图示 14：

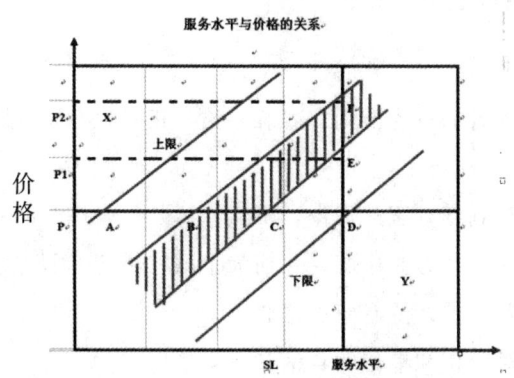

X 点，价格很高，服务水平很低，顾客不会接受。

Y 点，服务水平很高，价格很低，酒店不会接受。

A、B、C、D、E、F 各点是顾客与酒店可选择的点，A、B、C、D 点价格是一样的，服务水平却是不一样的，其中，A 点服务水平最低，D 点服务水平最高。因此，D 点应该是顾客与酒店都能接受的，这就是我们经常听到的大众化消费，高档次的服务。作为酒店经营者，追求的是 E 点，甚至是 F 点。

第三章　进入角色　塑造自己　尽快成为一名优秀的服务人才

一、进入角色

首先要明确角色的"非人性"。角色是一个符合个人社会地位及其义务要求的思想和行为模式，它含有角色规范、角色期待、角色知觉和角色行为。人是以不同的角色存在于社会的。角色如果出现差错就会出现笑话。

二、服务者的角色要求

1. 行为准则

① 遵守服务者的行为准则：着装整洁（正装）、礼貌热情、温文尔雅、体态匀称。

② 遵守规章制度，服从命令，听从指挥。

③ 牢固树立以顾客为中心，一切为了顾客满意的服务意识。

④ 要有团队精神，要有感恩之心。

⑤ 表现出对工作和单位的自信和自豪。

⑥ 摆正与客人之间的关系。

充分理解，把握客人的角色特征。

为了更好地理解、把握客人的角色特征，这里我把顾客的三个方面权力介绍一下。

① 顾客有购买的决策权。

② 顾客有权改购竞争对手企业的服务或放弃购买眼前低劣的服务。

③ 顾客有权通过法律程序索赔。

客人的角色特征：

① 客人是有优越感的人——具有领导者的权欲特征。

② 客人是情绪型的自由人——喜怒哀乐特征非常明显。

③ 客人是要求享受的人。

④ 客人是最爱表现自己的人——"给客人创造表演的机念"是饭店成功的秘诀之一。

⑤ 客人是最爱搞特殊化的人。

2. 关于顾客满意

满意与否是每一位顾客都会产生的必然感受。

顾客满意是一种以了解顾客需求为基础，以满足顾客需求为核心，以超越顾客期望值为目标的经营理念。

非常满意（高兴、激动、感谢），很不满意（生气、反感、愤怒），介于两者之间感受很一般。

1986年顾客满意为顾客中常用，1988年美国一位消费心理学家首次借用此词来界定顾客在消费过程中要求得到满足的状态，从此顾客满意从生活用语演变成一个科学概念，进入20世纪90年代全世界流行的一种理念。

2000年公布的ISO9000标准第一套关于质量管理的国际标准，首次引用顾客满意在世界范围内得到统一认可的定义——顾客对其要求已被满足程度的感受。两层含义：一是顾客感受；二是这种感受直接取决于其要求已被满足程度。

顾客满意公式：**顾客满意程度＝顾客的实际感受－顾客的预先期望**

帮助我们掌握顾客满意的客观规律，体现以顾客为中心思想的重要标志。

服务质量虽然表面上完全由当时服务客人的员工控制，但员工的大部分的服务质量问题本质上是管理者的责任。

3. 爱岗敬业

① 爱岗敬业是中国公民的基本道德准则，爱岗敬业是种美德。

② 爱岗敬业是种前进的内动力。

③ 爱岗敬业是企业凝聚力形成的基础和前提。

④ 爱岗敬业是用人单位选人的首选条件。

⑤ 爱岗敬业是一种苛刻的要求。

4. 树立竞争意识和营销意识

① 竞争是市场经济的必然，竞争意识是服务人员所必须。

② 竞争意识的基础是自我竞争——

要做别人未曾做到的事，

要做别人想做而未做的事，

要做别人不敢做的事，

要做别人不愿做的事，

要做别人不能做的事。

③ 下道工序是上道工序的上帝。

④ 营销意识中的全员营销——

提成比例的落实

推销方法的介绍

提成的落实（最好是月）

营销是种卖的艺术，作为"诡计多端"的营销精英，应多运用 AIDA 原则：

A、引起顾客对商品的注意力

I、进而引起顾客对商品的兴趣

D、激起顾客对商品的占有欲望

A、促使顾客采取占有商品的行动

图示 15：酒店营销策略

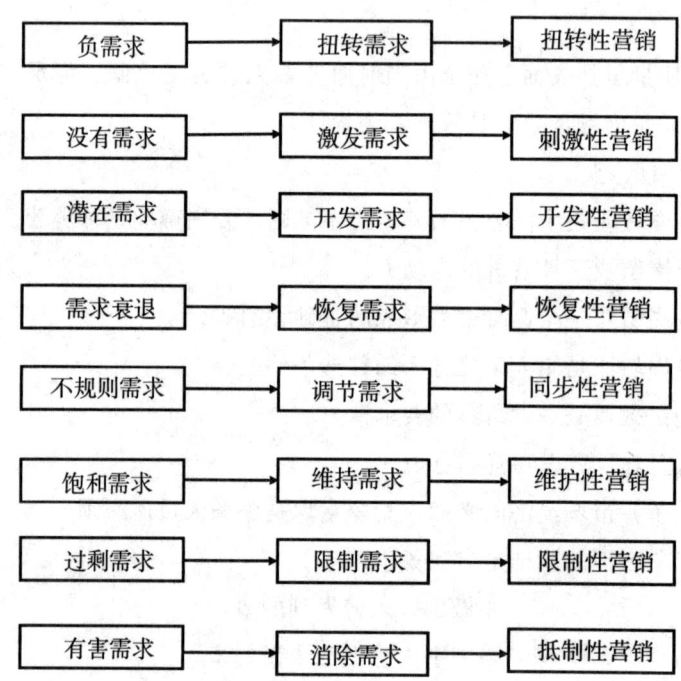

营销现状调查：

当今的酒店业正处在一个最缺乏营销同时又是最需要营销的时代，需要深入细致地探讨新形势下酒店业的营销策略。

（1）60％的酒店不知道如何制定企业总体的营销战略。

（2）50％的酒店不懂得制定销售政策。

（3）70％的酒店老总在构建企业营销网路时，不知如何着手。

（4）55％的酒店不懂营销管理。

（5）40％的酒店对竞争格局不能分析，不知采取什么竞争策略。

（6）45％的酒店老总对科学的市场调查掌握不够。

（7）35％的酒店对定位模糊。

（8）40％的酒店对价格难以管理与控制。

（9）45％的酒店不能处理好企业长期战略与短期效应之间的关系。

（10）40％的酒店在整合应用广告、公关、促销策略上有困难。

5．树立团队意识

团队是由员工和管理层组成的一个共同体，让共同体合理利用每一个成员的知识和技能协同工作，解决问题，达到共同的目标。

团队构成的五要素（5P）：目标、人、定位、权限、计划。

同心合力，团结共进，群策群力，众志成城。

首先就要让自己优秀起来，做最强团队中最强的个人。

6．具有良好的心理素质

① 良好的观察能力、记忆能力、思考能力、应变能力。

② 良好的自信心和良好的自控自律能力等。

③ 缺乏良好的自控能力，就是一台报废的机器。

洁身自爱，注意"慎独"。

用国家法律保护自身的合法权益。

7．熟练的技能

技能是立身之本，特别是在高科技发展的今天。勤学苦练是取得熟练技能的重要途径。

（1）烹饪的技能简介

图示16：

	八大传热方法	三十五种烹调技法
一	无传热	拌、冻、醉、腌、炝
二	辐射传热	烤

续表

八大传热方法		三十五种烹调技法
三	水传热	煮、灼、浸、炖、卤、涮、氽、熬、焖、烧
四	汽传热	蒸
五	油传热	炸
六	锅传热	炒、爆、煎、酥、扒、煨、烩、塌、糟、熘
七	复合传热	焗、拔丝、挂霜、琉璃、蜜汁
八	微油热	微波

(2) 山东名菜的六大特点

山东名菜品种类型、烹调方法、滋味类型、刀形、质感类型、色彩前三名所占比例如图示17。

图示17：

类型	名 次									前者占总比例%
	第一名	比例%	第二名	比例%	第三名	比例%	第四名	比例%	第五名	比例%	
品种	水产菜	29.7	植物菜	16.4	肉菜禽蛋菜	各16					78.1
烹调方法	炸	17.1	熘	11.9	烧	10.4	扒	9.7	炒	8.7	57.8
滋味	咸鲜	47.3	咸香	25.1	甜香	6.1					78.5
刀形	整形	21.3	刀工	4.8	片	12.9	块	8.7			53.1
质感	嫩	40.8	酥脆	19.4	脆嫩	12.0					72.2
色彩	本色	39.6	黄色	32.3	红色	28.1					100

(3) 餐饮部各类人员必要能力比较

图示18：

人员	能力						
	管理%	技术%	商业%	财务%	会计%	安全%	总值%
餐厅服务员	5	85			5	5	100
各类厨师	5	85			5	5	100
班组长	10	80			5	5	100

续表

人员	能力						
	管理%	技术%	商业%	财务%	会计%	安全%	总值%
厨师长	20	50	5	5	10	10	100
餐厅主管	20	45	10	5	10	10	100
餐饮部经理	35	25	10	10	10	10	100
饭店经理	40	15	15	10	10	10	100

（4）人际交往时双方的位置和距离

图示19：

类别	区域距离		语言特点	交往情况
亲密空间	近区：身体接触		无声	夫妻、父母、子女、恋人等
	远区：15—46 cm		低声、耳语	拥抱、爱抚、保护等
个人空间	近区：46—76 cm		语气和语调温和、亲切	较为亲近者
	远区：76—122 cm			无拘束、坦诚或个人私事
社交空间	近区：122—213 cm		声音一般，措词温和	社交、应酬、公务、谈判、旅游服务等场合
	远区：213—610 cm		声音较高，措词客气	
公区空间	社交空间以外均为此空间		声音响亮，注意措词的规范化、风格	讲演者与听众，表演者与观众等

8. 严格的养成训练：

养成训练是成材的必经之路；

养成训练要经过脱胎换骨、近乎残酷的培训；

坚持"一年入轨，二年成型，三年定型"的培训原则。

只有这样，餐饮服务的60条守则、50条禁条，客务人员70条守则，才能自觉执行并成为优秀者。（见附件）

附件

（一）典型的服务言语范例

千万别这么说	最好这么说
1. 还要什么	我还能为您做点什么吗？
2. 这我可受不了	这事我管不了，请您最好……
3. 不行	也许行，不过还得等一阵
4. 不可能	这样的事儿，我们以前还从未发生过
5. 绝对不行	这样事儿，我们过去从来没有做过
6. 那是您的事，不是我的事	我们共同研究吧
7. 人家可不是雇我来干这个的	这不属于我的职责范围，不过我可以为您效劳
8. 我不知道	我去问问
9. 您以为我光干这事儿？	请稍等，我来帮您办
10. 您自己瞧着办吧？	真不巧，不过要是您能稍等一下……
11. 您以为这是哪儿？	我们对这可不在行
12. 我不能为您效劳！	愿为您效劳
13. 您找错地方啦！	请您找我的同事，在那儿
14. 您要我重复多少遍？	您需要我再向您解释一下吗？
15. 我们不能只伺候您一个？	问题既然已经提出，那我们就尽力而为吧
16. 别以为您了不起	这很正常，我们是干这行的
17. 有是有，就是贵	我们这儿是按质论价的
18. 对你来说肯定太贵	这就看您准备花多少钱了
19. 过一阵儿再来吧	这也许不太着急吧
20. 写信给老板去告呀	我们的董事长是有信必复的
21. 您写吧会有人答复您的	我们对每封信都很重视
22. 也得让人休息啊	那时我将会去度假，可我的领班会帮助您的
23. 行啦，没别的办法啦	既然这样能使您高兴……
24. 我不用您的摆布	我听您的吩咐

25. 这可不合我们这里的规矩	我们没这方面的经验,咱们一块儿研究解决吧
26. 请排队	已经有人在排队等候了
27. 您就不能像大家那样排队吗	要是您没有时间排队,请您最好改日再来
28. 下班了,我跟您说了	很抱歉,我们已经关门了,明天见
29. 没有零钱可找	您恐怕不会一点儿零钱也没有吧
30. 您听了可别不高兴,这都是一种价	很难使每一位顾客满意,不过我们愿意尽力去做
31. 您到别处去瞧瞧吧	您或许可以在商店买到
32. 您想把我怎么样	我理解您,可是……
33. 我们不能只顾让您满意就改变我们的规章制度	我很乐意让你满意,可是……
34. 我就是这个模样	我可实在没别的办法了
35. 这不是我的过错	可惜这事儿实在跟我无关
36. 算你幸运,这是最后一件	恰好还有一件,这是为您留着的
37. 您瞧您要错过机会了	您找哪一位?我马上给你接过去
38. 左边第一个门	我领您去
39. 没货了	"具体日期"……以后就有货了
40. 您没看布告吗?	已经贴出布告了,不过我可以把内容转告您
41. 您知道这卖多少钱	顾客一定考虑到了,这是一笔可观的投资
42. 我就挣那么点钱	好吧,就看在您的份儿上
43. 这儿不是问讯处	我回答不了您的问题,请您找……人问问
44. 别碰	我尽量帮助您,可这事我得和……打招呼
45. 这是为了什么	我们没这个规矩,对不起
46. 你想干什么	我们都很忙,不过我们会关照的
47. 我可顾不上	您能稍等一会儿过来吗
48. 以后再来打(指电话)	您知道我不能一个人说了算

49. 不是这儿，这座儿有人订了	请原谅，这座儿有人订了，您还喜欢坐哪儿
50. 过后又该赖我啦	请留言，会有人给您回电话的
51. 我忙不过来	这事儿我真的管不了，对不起
52. 不是时候	我能帮助您吗
53. 这下可倒霉透顶了	有人招呼您了吗
54. 我可决定不了	我在这儿就是为您效劳的，您需要我的帮助吗
55. 这不关我的事儿	请您找……人，她比我更清楚
56. 再见	再见，谢谢您使用本公司的电话
57. 完了吗（电话）	要是您有别的问题，请尽量再来电话
58. 有人会管的	我一定亲自处理
59. 您能书面确认吗	我已经介绍了详细记录，我来办必要的手续

（二）餐饮服务守则60条

1. 在餐厅中不可提高嗓音。
2. 不可用手触摸头和脸或置于口袋中。
3. 不可斜靠墙和服务台。
4. 在服务中不可背对客人。
5. 在服务中不可跑步或行动迟缓。
6. 服务中不可突然转身或停顿。
7. 手执可负荷的盘碟。
8. 要预先了解客人的需要。
9. 除非情况需要，避免聆听客人的闲聊。
10. 只有在不影响服务的情况下才能与客人沟通。
11. 勿将制服当抹布，经常保持制服的整洁。
12. 确保服务处所的清洁，避免在客人面前做清洁工作。
13. 上热餐用热盘，上冷餐用冷盘。
14. 不可用手接触任何食物。
15. 避免餐具碰撞发出声响。

16．避免堆积过多的盘碟在服务台上，避免空手离开餐厅到厨房。

17．餐厅中有餐具，需要用托盘托走。

18．勿置任何东西在干净的桌布上，以免造成污损。

19．根据年龄及阶层先服务女士，但主人或女主人留在最后才服务。

20．当客人进入餐厅时，以亲切的微笑迎接客人。

21．在服务避免将身体靠在客人身上。

22．在服务时避免与客人说话，如果不得不如此则将脸转移，避免正对食物。

23．在最后一位客人用完餐之后，不要马上清理杯盘，除非是客人要求才处理。

24．除非时不可避免，否则不可碰触客人。

25．所有掉在地上物品均需要更换，但需要先上清洁的餐具，然后再拿走弄脏的餐具。

26．不可让客人有种印象，你对别的客人服务比对他的好。

27．客人走后才清理服务台或桌子。

28．在一般除了面包、奶油、沙拉酱和一些特殊的菜或所有的食物均须由右边上。

29．客人要入座时，一定要上前拉椅。

30．用过的烟灰缸一定要撤换。

31．在餐中避免与同事说笑打闹。

32．在上菜服务时，先将菜式呈现给客人过目，然后询问客人要何种配菜。

33．勿将叉子叉在肉类上。

34．确定每道菜需要用的调味酱及佐料有没有放错。

35．需要用手指捻食的食物，洗手水必须马上送上。

36．尽量记住长客的习惯与喜好的菜式。

37．保持冷静。

38．有礼貌的接待客人，如果可能的话直呼客人的姓氏。

39．保持良好仪表及机敏。

40．仔细研究并熟悉菜单。

41. 所有饮料由右边上。

42. 口袋中随时携带开罐器、打火机及圆珠笔。

43. 清出所有不必要的器皿、但如需要则需补齐。

44. 确定所有的玻璃器皿与陶瓷器皿没有缺口。

45. 将配菜的调料备妥,不待客人开口要求。

46. 倒满酒杯(红酒半满、白洒3/4满)。

47. 充分供应面包和奶油。

48. 询问客人是否满意。

49. 在没经客人同意之前,不可送上菜单。

50. 不可在工作区域内抽烟。

51. 在公共场所中不得吃喝东西,嚼口香糖、槟榔。

52. 在公共场所中不得照镜子,或梳头发或化妆。

53. 不得在客人面前打哈欠,忍不住喷嚏或咳嗽时,要使用手帕和面巾纸,并事后马上洗手。

54. 在公共场所中不得有不雅举动,不得双手交叉抱胸或搔痒。

55. 不得在客人面前算小费或看手表。

56. 客人有时候从你那学习餐饮知识,但不希望被你纠正。

57. 不得与客人争吵,或批评客人、或强迫推销。

58. 对待儿童必须有耐心,不得抱怨或不理睬他们。

59. 如果儿童影响到其他客人。通过主管让他去请儿童的父母加以劝导。

60. 溢泼出来的食物,饮料应马上清理。

(三)餐饮服务禁条50条

1. 迎接客人的态度冷漠、随便;

2. 让客人尤其女客人自己拉椅入座;

3. 不为女士们宽着外套;

4. 不及时整铺餐桌;

5. 餐前工作未完成调味品补给;

6. 餐具事先没有补齐;

7. 不合正规的服务；

8. 在客人正面服务；

9. 向客人服务时，不先打招呼。例如在上菜时应先说："对不起先生"；在收盘前，应说："先生，您用完了吗?"等等；

10. 用不干净或弯曲不正的餐具，餐具存放工作柜之前没有擦干净。

11. 用缺口或破裂的玻璃或瓷器餐具；

12. 将咖啡溢出底碟上；

13. 玻璃杯或瓷器上留有手指印；

14. 将工作巾挟在腋下（应该挂在左手腕上）；

15. 用手指挖鼻孔、剔牙齿；

16. 对客人过分亲昵、随便；

17. 团聚一堆；

18. 高声喧哗、旁若无人或争论不休；

19. 搬取盘碟，碟不做声；

20. 将饮料或食物汤汁滴在地上；

21. 忘记给客人应用的东西（譬如送咖啡忘了牛奶、给冰茶漏了糖水）；

22. 不给客人添加冰水，或将冰水加得过满；

23. 没有给客人补面包黄油；

24. 没有为客人换烟缸；

25. 当着客人的面向同事大声吼叫或责斥；

26. 端汤时将指甲浸在汤内（必须用汤底盆）；

27. 使用破洞或者污渍的台布和餐具；

28. 没有为客人调换落在地上的餐具或餐巾；

29. 将客人交代的事忘得一干二净；

30. 用冷的盘子盛热菜，用热的盘子盛冷菜；

31. 凝视顾客或品头论足；

32. 服务时将餐具掉落地上；

33. 端菜时手指碰在食物上；

34. 将桌上残肴拨向地上；

35. 不先征询客人的意见就将菜盘撤走，或者客人已将菜吃完了而不将盘碟撤走；

36. 工作柜凌乱不洁；

37. 不理会他人、顾客的呼唤；

38. 催客结账或迟迟不给客人结账；

39. 客人结账而没有向客人致谢；

40. 故意在客人面前周围搬动桌椅、整铺桌面而催促客人离去；

41. 不耐烦的表情和应付；

42. 向客人索取小费或做出对小费嫌少的表情或收小费而不道谢；

43. 不招呼客人离去或不说再见；

44. 肮脏的手和剥落的指甲油；

45. 制服不整、鞋袜不洁；

46. 汗臭、狐臭、口臭或过分的浓妆；

47. 蓬头散发、不修胡须；

48. 嚼口香糖；

49. 倚墙靠壁、无精打采；

50. 与客人同坐共餐或聊天闲谈。

（四）前台员工守则70条

宗旨

1. "宾客至上，服务第一"是我们的服务宗旨。"客人永远是对的"，是我们的座右铭。对此，每一个前台部员工务必深刻领会，贯彻落实到自己的一言一行中去。

2. 酒店业是服务行业，我们要发扬中国传统的礼节和好客之道，树立服务光荣的理想，加强服务意识，竭力提供高效、准确、礼貌的服务，为宾客创造一个"宾至如归"的境界。

仪态

3. 本部员工以站立姿势服务。深夜班员工一点钟以后方可坐下，但若有客人前来，当即起立。

4. 正确的站立姿势应是：双脚以两肩同宽自然垂直分开（体重均落在

双脚上,肩平、头正、两眼平视前方、挺胸、收腹)。

5. 在服务区域内,身体不得东歪西倒,前倾后靠,不得伸懒腰、驼背、耸肩。

表情

6. 微笑,是员工最起码应有的表情。

7. 面对客人应表现出热情、亲切、真实、友好,必要时还要有同情的表情。做到精神振奋,情绪饱满,不卑不亢。

8. 和客人交谈时应眼望对方,频频点头称是。

9. 双手不得叉腰、交叉胸前、插入衣裤或随意乱放。不抓头、抓痒、挖耳、抠鼻孔,不得敲桌子、敲击或玩弄其他物品。

10. 行走要迅速,但不得跑步,不得二人并肩而行、搭膊、挽手,与客人相遇应靠边而走,不得从二人中间穿行,请人让路要讲对不起,不得横冲直撞、粗俗无礼。

11. 不得哼歌曲、吹口哨、跺脚。

12. 不得随地吐痰,乱丢杂物。

13. 不得当众整理个人衣物。

14. 不得将任何物件夹于腋下。

15. 在客人面前不得经常看手表。

16. 咳嗽、打喷嚏时应转身向后,并说对不起。

17. 不得谈笑、大声说话、喊叫,乱丢乱碰物品,发出不必要声响。

18. 上班时间不得抽烟、吃东西。

19. 不得用手指或笔杆指客人和为人指示方向。

20. 要注意自我控制,随时注意自己的言行举动。

21. 客人和你说话时应全神贯注,用心倾听,不得东张西望,心不在焉。

22. 在为客人服务时不得流露出厌烦、冷淡、愤怒、僵硬、紧张、和恐惧的表情,不得扭捏作态、做鬼脸、吐舌、眨眼。

23. 员工在服务、工作、打电话和客人交谈时,如有客人走近,应立即示意,以表示已注意他(她)的来临。不得无所表示,等客人先开口。

仪表

24. 身体、面部、手部必须清洁，提倡每天洗澡，换洗内衣物。

25. 每天要刷牙漱口，提倡饭后刷牙漱口，上班前不吃异味食物以保证口腔清洁。

26. 头发要常洗、整齐。上班前要梳头，提倡加少量啫喱水。头发不得有头屑。

27. 女员工上班要化妆，但不得浓妆艳抹，男员工不得化妆。

28. 不得佩戴任何饰物、留长指甲，女员工不得涂色在指甲上。

29. 必须佩戴工号牌，工号牌应佩在左胸处，不得任其歪歪扭扭，注意修整，发现问题及时纠正，从后台进入服务区域之前，也应检查仪表。

言谈

30. 声调要自然、清晰、柔和、亲切，不要装腔作势，声量不要过高，亦不要过低，以免客人听不清楚。

31. 不准讲粗话、使用蔑视和侮辱性的语言。

32. 三人以上对话，要用相互都懂的语言。

33. 不得模仿他人的语言语调和谈话。

34. 不开过分的玩笑。

35. 说话要注意艺术，多用敬语，注意"请""谢"字不离口。

36. 不得以任何借口顶撞、讽刺、挖苦客人。

37. 要注意称呼客人姓氏，未知姓氏之前，要称呼"先生"或"女士"。

38. 指第三者时不能讲"他"，应称"那位先生"或"那位女士"。

39. 无论从客人手上接过任何物品，都要讲"谢谢"。

40. 客人讲"谢谢"时，要答"不用谢"，不得毫无反应。

41. 客人来时要问好，注意要讲"欢迎您到×××宾馆"，客人走时，注意要讲"祝您愉快"，或"欢迎您下次光临"。

42. 任何时候不准讲"喂"或说"不知道"。

43. 离开面对的客人，一律讲"请稍候"。如果离开时间较长，回来后要讲"对不起，让您久等"。不得一言不发就开始服务。

制服

44. 制服应干净、整齐、笔挺。

45. 非因工作需要,不得在馆外穿着制服,亦不得带出馆外。

46. 纽扣要全部扣好,穿西装制服时,不论男、女第一颗纽扣须扣上,不得敞开外衣或卷起裤腿、衣袖,领带必须结正。

47. 制服外衣衣袖、衣领处、制服衬衣领口,不得显露个人衣物,制服外不得显有个人物品,如纪念章、笔、纸张等,制服衣袋不得多装物品,显得鼓起。

48. 只准着皮鞋上班,禁止着凉鞋,女员工只准着肉色袜,其它颜色和带花边、通花的袜子一律不准,袜头不得露出裙脚,袜子不得有破洞。

49. 行李员不得不戴制服帽出现在服务区域内。

电话

50. 所有来电,务必在三响之内接答。

51. 接电话先问好,报单位,后讲"请问能帮您什么忙"?不得倒乱次序。

52. 通话时,听筒一头应放在耳朵上,话筒一头置于唇下约五公分处,中途若需与他人交谈,应用另一只手捂着听筒。

53. 必要时作好记录,通话要点要问清,然后向对方复述一遍。

54. 对方挂断之后,方为通话完毕,任何时候不得用力掷听筒。

55. 在宾馆内不得打私人电话、传私人电话,家人有急事来电,应从速简洁结束通话,他人接听,只代为记录。

56. 对话要求按本章"言谈"一节规定办。

考勤

57. 主管可批准属下人员一天以内的假期。

58. 迟到或早退以是否到达或离开工作地点为准,员工中途在岗位上消失或未经请假离开达十分钟,视为早退或旷工。

59. 不得用电话或让他人代请事假,否则按旷工论处。

60. 员工有接受上级指定之额外工作而不接受报酬的义务。加班或额外工作达一定数量,方由主管以上人员确定报酬。

其他

61. 非因工作需要或经部门经理助理（含大堂副经理）以下人员批准，不得带人、陪人进入客房区域。

62. 非因工作需要，部门经理助理（含大堂副经理）以下人员不得搭乘客用梯和专用工作电梯。

63. 任何人不得利用职权给亲友以特殊优惠。

64. 未经客人允许和上级批准，不得将房间号码告知他人。

65. 谢绝客人和业务联系单位人员送礼、请客（含团队、陪同、司机）。

66. 不得和客人兑换外币，不得等待索取小费，非接不可的应上交。

67. 一切拾获物要交公，否则按盗窃论处。

68. 不论房内有人否，任何人不得擅入客房。

69. 非行李组人员，部门经理助理以上人员，不得以任何借口进入行李房。

70. 上班用膳时间须服从主管安排。

（五）"坚持不懈　终会成功"摘录

摘自西方世界商业圣经《世界上最伟大的推销员》要点。从18.6万字压缩到2千字。

编语：如何对待他人，如何约束自己，如何克服困难提高自己，最后得到成功。这里讲的是市场经济中的为人之道，人生的价值。

1. 如果你逃避退缩，那就等于自毁前途。

2. 只要决心成功，失败就永远不会把你击垮。

3. 事实上，成功与失败的最大分野，来自不同的习惯，好习惯是开启成功的钥匙，坏习惯则是一扇向失败敞开的门。因此，我首先要做的便是养成良好的习惯，全心全意去实行。

4. 我要常想理由赞美别人，绝不搬弄是非，道人长短。

5. 从今往后，我要爱所有的人。仇恨将从我的心管中流走。我没有时间去恨，只有时间去爱。

6. 我绝不考虑失败，我的字典里不再有放弃、不可能、办不到、没法子、成问题、失败、行不通、没希望、退缩……这类愚蠢的字眼。我要辛苦耕耘，忍受苦楚。我放眼未来。

7. 我若让今天的时光白白流逝，就等于毁掉人生最后一页。我无法把今天存入银行，明天再来取用。我不听闲话，不游手好闲，不与不务正业的人来往。

8. 弱者任思绪控制行为，强者让行为控制思绪。

9. 我宽容怒气冲冲的人，因为他尚未懂得控制自己的情绪，就可以忍受他的指责与辱骂，因为我知道明天他会改变，重新变得随和。只有积极主动地控制情绪，才能掌握命运。

10. 超越别人并不重要，超越自己才是最重要的。

11. 立即行动！立即行动！立即行动！从今往后，我要一遍又一遍，每时每刻重复这句话，直到成为习惯，好比呼吸一般，成为本能。此时、此地、此人，我正在付诸行动。

12. 现在，你马上就要开始学习对付一个最顽固的敌人——你的坏习惯。要知道简单平易才是成功的关键。

13. 本杰明·富兰克林曾经列出获得成功必不可少的13个条件：节制、沉默、秩序、果断、节俭、勤奋、诚恳、公正、中庸、清洁、平静、纯洁、谦逊。"我打算获得这13种美德，并养成习惯。为了不致分散精力，我不希望一下子全做到，而要逐一进行，直到我能拥有全部美德为止"。

14. 爱是创造奇迹的力量源泉。爱可以使一个人脱胎换骨。

15. 一天中最大的损失，是没有笑过一声。

16. 世界上最伟大的秘密就是：你只要比一般人稍微努力一点，你就会成功。

17. 天不助懒人。最重要的不是瞻望前景，而是埋头苦干。人，识得破别人的骗术，却逃不脱自己的谎言。最可怕的敌人正是我自己。

18. 我终于明白，并非只有我的生活才充满悲伤与挫折。即使最聪明、最成功的人也同样遭受一连串的打击与失败。这些人和我不同之处仅仅在于，他们深深知道，没有纷乱就没有平静，没有紧张就没有放松，没有悲伤就没有欢乐，没有奋斗就没有胜利，这是我们生存所要付出的代价。耐心与时间甚至比力量与激情更为重要。年复一年的挫折终将迎来收获的季节。

19. 我永远沐浴在热情的光影中。当我迈进新的一天时，我有了三个新伙伴：自信、自尊和热情。自信使我能够应付任何挑战，自尊使我表现出色，而热情是自信和自尊的根源。

20. 热情是世界上最大的财富。它的潜在价值远远超过金钱与权势。热情摧毁偏见与敌意，摒弃懒惰，扫除障碍。热情是行动的信仰，有了这种信仰，我们就会无往不胜。

21. 逆境是一所最好的学校。逆境从来不会摧毁那些有勇气有信心的人们。

22. 苦难是衡量友谊的天平。

23. 一个人要想实现自己的目标，离不开艰辛的脑力劳动和体力劳动。如果我不愿付出这样的代价，那么我的未来一定充满眼泪和贫穷。

24. 一旦我目标明确地生活，我的声音、服装、外表、行为和仪态都会改变。

25. 改进永远来自检查与反思。每个人都应该一天比一天明智。

26. 我将在每晚反省一天的行为。我的汗水与辛劳换来的是有价值的永恒的东西。如果我每天都找出所犯错误和坏习惯，那么我身上最糟糕的缺点就会慢慢减少。今天我发现了什么弱点？对抗了什么情感？抵御了什么诱惑？获得了什么美德？

（六）白天鹅宾馆独创100句经典箴言

广州白天鹅宾馆不论在顾客心中还是在业内都享有很高的声誉。它1983年开业，由广东省旅游局与香港霍英东先生投资兴建，是国内最早引进港式管理的酒店，管理理念先进，其独创的100条经典箴言，是30多年管理经验的经典总结。

管理

1. 管理人员要在关键时间，出现在关键的地点，抓住关键的问题。这就是管理的技巧。

2. 没有高素质的管理人员就没有高水平的服务质量。

3. 企业要求发展，必须有人才和钱财，而企业质量的巩固，则有赖于管理人员素质的提高。

4. 企业管理不能依赖于自觉性,关键靠制度。要有一套启发员工自觉性的规章制度,依法治企。

5. 企业的质量是靠人来维持和提高的,对员工不教而诛是不对的,无原则的讲人情也是不对的,要处理好"人情"与"管理"的关系。

6. 管理人员在下达工作指令后要督导、协调、管理和检查。不能只管下令,不管落实。每一项工作,每一个细节,都应逐项跟查,逐项落实,一环紧扣一环,一步紧跟一步,才能真正抓深抓细。

7. 管理人员关键要养成一种良好的管理作风,哪项工作以扎实、紧凑、深入的作风来抓,哪项工作就会获得良好色效果。

8. 严格管理不仅体现在对人的管理上,也体现在对财、对物的管理上。

9. 管理者与被管理者既是"同一战壕的战友"的关系,又是"猫与老鼠"的关系。

10. 酒店的管理人员首先对自己所从事的职业要有自豪感、荣誉感,自己都看不起自己所做的工作,又怎么可以去教育培训员工呢?

11. 主管、领班应多到现场与员工一起操作,督导质量。要意识到质量是竞争的基础,而质量体现在每一件为客服务的小事上。

12. 要使管理人员和员工有压力感,但不是压得他们喘不过气来,要给人有活动余地。

13. 作为一个部门经理,对本部门出现的问题不能大包大揽,经理对部下的差错"勇于承担责任"只能是差错延续不断。正确的态度是挖找根源,提出整改措施。

14. 主管的工作是酒店管理中重要的一环,主管只说不做不行,只做不说也不行。经理对主管的管理要抓紧一点,标准定得细一点,管理方法要科学一点。

15. 人员流动是正常的,人家来挖人才也是必然的,关键是如何针对社会实情做好员工素质提高工作,如何保证人员走一批,培养一批,成长一批,把培养骨干和技术尖子作为常年的工作;作为管理人员来说,则应不断提高领导艺术,考虑问题周到点,讲究工作方法,对员工的心理活动要多了解，多分析，多通气，多研究。

16. 管理人员要带着工作标准去巡查，要提高工作效率，就必须坚持现场指导。

17. 调整工资达到稳定骨干的目的，就要掌握调整的时机和比例，使工资真正起到管理的杠杆作用。

18. 管理人员的级别越高，自觉性应该越强。

19. 只要抓好平时的工作，关键时刻的判断才不会出差错。没有平时的工作质量，就没有关键时的化险为夷。

20. 任何人都有优缺点，做任何工作都有对与错，问题是要分清哪方面是主流。

21. 主管工作关键要做到"勤"，多走，多看，多检查。

22. 经理、主管的眼睛应能发现问题，起到控制质量的作用。

23. 做管理人员就应有张婆婆嘴，久而久之，员工就知道什么该做，什么不该做了。

24. 管理作风要具备"三实"：扎实、落实、老实。

25. 做餐饮服务工作一定要重视小事，做到落实，件件清楚。

26. 宾馆如同一部机器，各部门如同机器上的各个部件，只有紧密地结合才能 24 小时运转自如。

27. 管理人员以身作则是培养员工企业感的条件之一。

28. 得罪了所有人的经理不是好经理，不敢得罪人的经理也不是好经理。

29. 管理人员的工作，应该以结果和效率作为评判标准。

30. 管理人员应做到，有社会道德，晓做人道理，知企业法规，识宾馆大体，而不是把自己划于法规之外。

31. 培训是管理的基础，基础好，管理就顺；基础不好，管理质量就下降。

32. 管理人员在"三不管"地带（几个部门的交界处），三不管时间（上、下班时间，午饭时间）要有主动过问、主动督导、主动管理的精神。

33. 管理是为顾客服务的，管理本身如同制作产品的过程一样，要研究市场，讲究产品质量。

服务

34. 在酒店管理上，我们常说客人永远是对的，但事实上并不是每一次都百分之百对，问题是当投诉内容与事实有出入时，我们是不是能够把"对"让给客人，"让"得既不得罪客人，又维护企业利益。

35. 服务质量是竞争的基础，是企业生存的根本条件。

36. 每一项工作都是重要的，对于我们可能是简单的重复，对于客人就是第一次。

37. 酒店档次的高低应由客人来决定，客人投诉的次数及轻重是衡量酒店管理水平的标准。

38. "永远不要得罪客人"是服务行业铁的原则，一个脸色、一个笑容、一句话、一个动作都要符合职业道德。

39. 要提高和维持服务质量，就要把主管的眼睛与员工的素质结合起来。

40. 不要埋怨客源少，难做生意，关键是我们要考虑对现有客人工作有无不足。

41. 如平时无一点一滴的细致工作，就没有辉煌业绩。

42. 顾客评价服务质量是看他所得到实际效果，而不是看是否尽了力。

43. 酒店的管理建立在客人投诉之上，也可以说，酒店的管理建立在对质量事故的分析总结基础之上。

44. 服务质量和管理水平体现在每一件小事上，一个表情、一个动作都体现出我们的服务意识，要有好的服务质量，首先应有好的工作作风和好的思想意识。

培训

45. 部门的培训方式要有竞争性、娱乐性、趣味性。

46. 作为一个企业，一定要注重文化素质的培训，职工文化素质低下，将会阻止企业经营管理的深入。

47. 企业的培训应着眼于提高各级人员的素质，使每个人的内在特征自觉地体现在宾馆的服务原则中。

48. 要根据不同层次、不同对象、不同内容、不同重点来开展培训工作。对员工重点抓好酒店意识和业务基础的培训，对管理人员则应重点培养其强烈的管理意识。

49. 培训中心对各部门的培训要按计划、按进度，落实到具体人去监督检查，真正落实培训的质量。

50. 维持酒店服务质量的关键在于培训，培训既是管理的基础，也是管理的方式之一。

51. 酒店之间的竞争说到底是人才的竞争，人事培训工作一定要走在各项工作前面，人才的培训是酒店百年大计，是重要的战略方针。

52. 人事培训工作要有一条龙的工作理念，招工时要考虑如何培训，培训时则要考虑如何合理化地使用劳力。

53. 酒店的培训工作应从酒店的实际出发，根据企业的特点，企业经营管理的需要和长期发展的战略目标来制定培训方案，从制度化、系统化入手。

54. 酒店培训的目的不是培训全才伟人，而是培训员工的思想及业务的基本功，即素质。

55. 人的素质的培养是在日常一点一滴的培训中积累的。

人才

56. 人的素质是一流酒店的基础。

57. 社会主义制度下的现代酒店既要管人，也要育人。

58. 有竞争就有压力，有压力才会有动力，有动力才会自觉为企业创造财富。

59. 全方体地提高工效就要做到定时、定量、定标准、定进度，从细微之处着手。

60. 每个员工的仪表仪容都代表着酒店的格调，要意识到，自己在酒店的表现不再是个人，而是整个酒店。

61. 在经营上，第一是地点，第二是地点，第三还是地点，而在管理上第一是人的素质，第二是人的素质，第三还是人的素质。

62. 要使员工为宾客提高优质服务，我们首先要为员工服务好。

63. 一个企业能否巩固、提高、发展，有赖于管理人员素质的提高。

64. 一个国家要有共识，稳定才能发展。同理，一个企业的领导班子也要有共识，团结，才有生命力。

65. 没有一定数量的党员在企业的经营中起先锋作用,是起不到监督保证作用的。企业需要一支思想过硬、业务技能高的骨干队伍,如不抓紧在青年人中发展党员,将是党的工作失误。

66. 用钱刺激的积极性是不会长久的。"全看在钱的分上"来工作的人是不会讲职业道德的,要考虑如何培养员工的使命感,树立企业精神,增强企业的凝聚力,这样,企业的活力才会长久。

67. 企业的人员可以不断轮换,但质量不能降低。维持一个企业的风格是最重要,也是最艰难的。

经营

68. 我们首先要了解自己产品的情况、竞争对手的情况和市场情况,然后才能制定出正确的经营方针。

69. 市场的情况是千变万化的,要善于随市场的变化而变,捕捉一刹那的效益。

70. 销售政策的制定要考虑宾馆的经营管理方式、经营特点、发展方向、客户成分、市场趋势等。

71. 正确的房价制定要考虑对象、流量、信誉、时间几大因素。

72. 公关部与销售部在宣传方面的区别在于公关部注重企业形象的整体宣传,帮助社会了解企业,搭好企业与社会的桥梁;而销售部的宣传则是就市场开发而言,为房间和饮食的销售而去宣传。

73. 宣传企业,扩大企业的影响,使企业融于社会中,使社会理解企业。

74. 广告要讲究效果,应考虑做给什么人看,针对什么市场,要达到什么目的。

75. 企业的路线是由无数小点连接而起的,形成了自己的作风和精神,所以酒店工作无小事,事事关联着声誉。

发展

76. 一个企业在大好形势下不去发展是没有出路的,开拓的阻力来自于头脑中的平均主义,不求上进,不敢承担风险。作为经营者要时刻处于"冲"的姿势,守是守不住的。

77. 看不到大好形势是无知,看到了不去发展是无能的。

78. 发展企业要有风险意识，否则即使生意送到面前也不会做成功。

79. 发展企业要齐心，领导班子不同心协力是难以抓住机遇打主动战的。

80. 党的政策在人人面前是平等的，问题是你会不会用，敢不敢用，善不善于用。

81. 发展企业要有"动"和"变"的观念，市场在不断地变化，如死水一潭是做不活生意的，酒店工作要常出新招，给人常住常新的感觉。

82. 不断地学习国外的先进管理经验，与中国酒店业的实际结合起来，就能走出一条有中国特色的现代化酒店管理的路子。

83. 正确的经营决策来源于对市场动态的了如指掌。

84. 生意靠跑（外出促销）回来，效益靠干出来。

85. 发展企业应首先抓好大本营，没有本，就没有利。

86. 酒店的工作特点就是如何把有形的设备与无形的服务有机地结合起来。

87. 做酒店工作要按经济规律办事，要有市场概念、竞争意识和成本核算观念。

88. 酒店工作实际上并不复杂，硬件＋软件＋协调＋素质＝质量。

89. 市场上有新的酒店开张虽使客源有所波动，但只要我们保证质量，客人依旧会选择我们的。

警句

90. 讲究操作流程不是不讲效率，讲究岗位责任制并不是关、卡、压。

91. 价值是市场动态的反映，也是一个企业经营方式的体现，制定价格要符合市场的规律和酒店的实际，按行规办事，讲商业道德。

92. 效率应体现在一点一滴的小事上，节约时间从一分一秒着眼，做好基础工作才能讲效益。

93. 对关键的问题应议而即决、决了即行，否则一事无成。

94. 虚心好学，不耻下问，不等于你一无所知。

95. 没有工作量的限制，就没有质的变化。

96. 把匿名信一概而论说成好或坏都是不对的，一切结论应产生于调查研究之后，而不是在它之前。匿名信多是捕风捉影，我们的工作应是如何避免捕风捉影,而不是撂担子。新制度的实行涉及个人利益时,各种舆论都会产生,对不实之处要大度大量、豁达、超然。

97. 整体经营指的是在既定目标之下,各部门相互支持、配合、协调、促进、制约,而不能各自为政,画地为牢。

98. 在物资采购上要有市场概念和价格概念,要区分可用物资和自用物资,前者应"高雅",后者应"实用"。

99. 工作中要避免浮夸的习气。

100. 劳动力管理的预见性和主动性来源于平时对劳务市场资料的积累和分析。

思考题

一、目标、自信、习惯对服务从业人员的重要意义。

二、在日常服务过程中,把顾客当作贵宾、上帝看待你做得如何?为什么?

三、如何理解服务是产品?

四、简述对服务者角色的要求。

第二篇 酒店从业人员应信守的准则

有人问我:"酒店靠什么赚钱?"我的答复很简单,只要你执行了酒店从业人员应信守的准则,酒店就自然赚钱。

"酒店从业人员应信守的准则",是"酒店这棵树"的主干,它是酒店从业人员在完成酒店业的使命过程中,打造自己品牌的过程中进行修炼的内容。

一则报道得到的启发与教育

2009年11月2日《人民日报·产经广场》发表的"海尔冰箱的欧洲生活"一文,给我们很多启迪和教育,文中说海尔冰箱世界销售第一,靠的是用细节征服消费者,打造世界名牌。一般从冰箱取东西分为三步:拉开冰箱门——打开冰箱抽屉——弯腰取东西。海尔冰箱变成了一步取东西。拉开抽屉直接取东西,根本不用弯腰,并且可以用冰箱门上的摄像头给家人留言。

"国门之内无名牌,要走出国门创名牌。" ——张瑞敏

创名牌先拿"高地",从欧美高端市场入手(征服挑剔的欧洲消费者)。说起来简单,做起来很难。

把冰冻室做成抽屉式的。

把储酒架在冰箱内做成可折叠式的。

这种高端产品,具备世界一流冰箱米勒等一样的品质。从没有接到顾客的质量投诉。差异化的细节,80%的竞争对手用相机拍摄冰箱扣手等细节达半小时。现在可以和世界大品牌硬碰硬地正面交锋。

回想当年,正是从德国引进了一条冰箱生产线才解救了海尔的前身——青岛冰箱总厂。如今在"老师"的家门口,海尔拿到了"全球冰箱领袖奖"。——在今年德国国际消费电子展(IEA)欧洲最重要的消费电子展会上,全球最大的商业传媒集团(瑞海商讯)授予。

今年全球金融危机,海尔冰箱发往德国市场的同比增长27%,占市场份额的45%,2.6秒就产生一个客户。

以上事例对我们的启发和教育颇多,我们的硬件是公认的好,我们的服务应该说也是可以的,而且我们又有酒店业的领军人物带领,我们缺些什么呢?

值得深思,更值得立即行动。

第一章 明确酒店的三大使命

一、打造酒店一流,形成自己的品牌

任何酒店要想在市场竞争如此激烈的情况下站稳脚跟,第一位的工作就应该是打造一流,形成自己的品牌。

1. 做品牌,就要做领袖

没有远大理想的企业难以长久。成为品牌已经不能满足企业的发展了,做品牌就要有成为领袖品牌的理想和目标。比如,海尔以2000多亿元身价——真诚到永远。

品牌领袖能够引领市场,引领行业的发展方向——领袖化的产品和服务业,保持领先性、创新性。

品牌是企业进入市场的通行证和消费之间的桥梁。品牌是企业市场定位的依托。品牌所具有的无形价值将给企业带来巨大的市场份额和经济效应。品牌是消费的"宗教",消费者对品牌产生了"信仰",才会建立起品牌的忠诚度,从而实现重复购买和使用。领袖品牌是由领袖化的产品和服务支撑,这就是说,产品和服务是生命线,要保持领先性、创新性。在无牌、有牌、名牌、品牌的转变过程中,文化和宗旨起到了发动机的作用。

2. 目标是人生的导航灯

它是品牌的基础和核心。有了目标的自爱,在为自己工作的同时,就可以与客户的需求"谈恋爱",做到以满足客户需求为追求,创造满意,创造回头客,创造齐心协力,创造惊喜,创造奇迹。

3. 目标彰显理想,目标凝聚力量

执着追求目标是用之不尽,取之不竭的精神动力。目标(兴趣)解决前进的动力问题,干得更主动,更开心。

4. 创造品牌产品是一个系统工程

品牌上面是气质,品牌底下是服务;品牌上面是创新,品牌后面是文化;品牌表面是形象,品牌核心是质量。品牌持久靠管理,管理靠抓也靠带。酒店要坚持:以过硬的质量作为品牌发展的基础;以独特、新颖、鲜明、引人入胜的形象,作为品牌的标志;以灵活多变的创新,作为品牌扩展的手段;以合理的价格,作为品牌含金量的尺度;以深厚的文化底蕴,作为品牌的生命。

居安思不安,居危思更危。在顺境中想到的是逆境,在胜利后想到的是困难,在成功时想到的是失败,时时刻刻如履薄冰。

靠创新向前,靠管理增效,靠科技跨越,靠心齐聚力。

品牌建设无处不在。海尔首席执行官张瑞敏说得好:"产品、资本是船,品牌是帆。"品牌是企业或产品实力的集中表现,是广大客户认可的符号,是在忠诚客户心目中的地位和影响,是产品和服务质量征服客户的成果或标记。

5. 今天是吃品牌的时代

今天是吃品牌、穿名牌的时代,品牌是"争夺眼球"的战役,谁能吸引更多的注意力,谁就能成为酒店的主宰。品牌具有多重涵义:

利益——给购买者带来物质、精神上的利益;

个性——有别于其他的差异化品质;

属性——表达产品特定的属性;

价值——体现品牌制造者的价值取向;

文化——品牌蕴涵或象征的文化涵义;

使用者——购买或使用这种品牌的消费者。

二、以不断满足顾客需求为主线，持续不断地改进工作

1. 不满足，永创新，提升产品和服务，达到提升效率和盈利率。不断改进工作的源头是顾客需求，因此，只要问你的顾客，问你一线的员工，就找到了改进工作的方向。

2. 创造满意，创造惊喜，创造感动，创造奇迹。

当你准备向客人说"不"时，用心做事的机会到了；

当客人有个性需求时，让客人惊喜的机会到了；

当客人有困难需要帮助时，让客人感动的机会到了。

顾客满意的涵义，包括12点（见附件）。

3. 法国雅高饭店管理集团的三项服务改进活动。

国际雅高酒店管理集团，是全球最大的企业服务集团之一。目前在90个国家有4000家酒店，15万员工，50万间客房。

成功的关键——了解顾客的需求，并不断改进服务，坚持改进服务。

员工名片上写有"亲切款待"。

经调查客户，展开了三项改进服务的活动：

①网络服务；②淋浴设备更新；③实行"枕头菜单"——让客人按习惯选择不同质地、不同高度的枕头，让客人睡眠更加舒适。

4. 我国设立了"中国酒店金星奖"，2009年7月开始接受申请，100家"中国酒店金星奖"。2010年上半年发奖。

三、为顾客、员工、老板利益服务

1. 对内营心，对外行德

一个酒店经营能力的核心就是管理水平，就是团队的凝聚力。团队所有人的敬业精神和工作态度是决定一家酒店是否成功的根本。这个根本就是靠对内营心，对外行德所打造。

2. 用一串串步步生根的脚印，证实自己的经营之道

① 管理策略：教育与培训是基础，强力督导是保证，领导带头是关键，不徇私情是要害，关心员工是根本。

② 经营策略：市场是导向，销售是龙头，产品质量是核心，人才是保

障,领导是关键。

3. 利益的原则

① 利润是成功的最终衡量标准。酒店强调"效益原则"即有利而生,无利而亡。不看过程看结果。

② 利益的原则是客人第一,酒店第二,个人第三。当然有个眼前利益与长远利益,有形利益与无形利益的问题。

③ "挖金"(美国饭店管理专家希尔顿语)充分利用每一平方空间,产生最大的利益。人员培训就是有效地"挖金"。

第二章 明确酒店的产品

一、酒店产品示意图

1. 酒店产品示意图

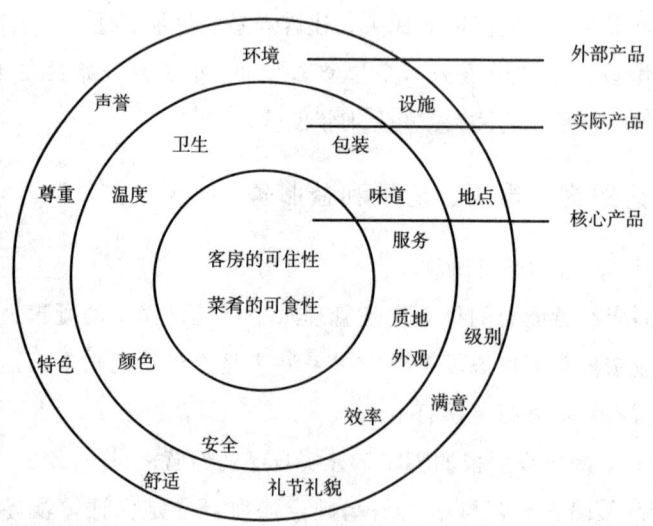

酒店出售的产品是什么？每个酒店从业人员应当清清楚楚，并尽最大努力去打造它。

外部产品	实际产品	核心产品
建筑、环境与设施	卫生与安全	客房的可住性
服装、仪容仪表与礼节礼貌	服务	菜肴的可食性
知名度与信誉度	味道	
满意	温度与湿度	
效率、舒适、享受	颜色、造型与包装	
特色与个性化	质地与成熟度	
尊重与平等待人		

酒店的活动、服务、设施能始终满足客人的需要和期望。

二、酒店的有形产品和无形产品

（一）酒店产品中的有形产品，包括：

1. 酒店内部和外部的光线、气氛和环境。

2. 酒店的建筑结构和特色。

3. 酒店的大厅、电梯、公共卫生间等公共设施。

4. 客房和它的卫生间面积、设施和家具及它们的布局。

5. 客房的床单、毛毯、面巾、浴巾、地巾等的颜色和造型。

6. 客房的日用品，如梳子、香皂、洗浴液、洗发液的大小。

7. 餐厅与酒吧大小、布局、特色、家具、设施（吧台、手推车、酒柜、活动舞台）。

8. 餐具与酒具大小、颜色、造型、等级、摆放方法。

9. 菜肴与酒水造型、重量或数量、颜色、装饰和包装。

10. 娱乐和健身设施种类、造型和布局。

11. 园林和绿化的规模、造型和特色。

12. 职工的服装、仪容仪表、举止行为。

13. 酒店内外的各种标示、广告和宣传品。

14. 酒店陈列的艺术品和造型。

（二）酒店产品中的无形产品，包括：

1. 酒店大厅、客房、餐厅和酒吧的温度，菜肴和酒水的温度。

2. 客房及客房内的床单等湿度，菜肴外部及内部的湿度。

3. 前台接待、电话服务、餐饮服务和客房服务等的效率和时间。

4. 大厅、客房、餐厅、酒吧、健身及娱乐设施的安全。

5. 客房住宿、餐厅酒吧用餐和饮酒的舒适程度。

6. 办理入住店手续、电话通讯和餐饮服务等的方便程度。

7. 前台服务、客房服务和餐饮服务等的礼节礼貌。

8. 客房质量、健身娱乐、商品和餐饮产品的质量信誉。

9. 客房、菜肴和酒水及相应服务的知名度。

10. 顾客对客房温度、面积、光线、色调和布局等的满意程度。

11. 顾客对菜肴和酒水的数量和重量、温度和湿度，颜色和造型、气味和味道、装饰盒包装及相应的餐饮服务的满意程度。

12. 客房的舒适、菜肴与酒水特色、服务的殷勤和周到待客给顾客的享受。

13. 新颖的菜肴和酒水、带有民族色彩的和地方的传统的，及经过设计的特色服务为顾客带来猎奇感。

14. 顾客第一、顾客至上及酒店的服务中的礼节礼貌对顾客的尊重。

15. 酒店服务中的平等待人。

三、对从业人员的素质要求来说明酒店产品的特点

1. 高消费产品

每个客人都是高消费者，客人＝利润、工资。

2. 高气氛产品

如矿泉水，1元—13元—19元

用卓越的表现和效率，用尽善尽美和友谊与热情来提供所有的服务。

3. 高服务产品

10％的服务费（或小费），始终满足或超越客人合理的期望。

4. 高职业化产品

每一项服务的每一个动作都是经过培训的，都是有规范的（如干白的服务）。

"服务要有认人、记人的特殊本领"——欧洲贵族饭店经营管理的成功者里兹提出,将每一项细小的服务都做得很出色。——让客人记住你的服务。

卫生、高效、优雅舒适、方便。

"谦恭和有效的关心程度。"——斯塔特勒

5. 质量的不稳定

质量的50%以上往往取决于服务员对客面对面的直接服务。"首先把工作做好"是美国饭店管理专家喜来登对服务员的要求。

第三章　酒店从业人员应信守的准则

第一节　顾客是上帝,满足顾客需要

一、顾客满意高于一切

客情就是命令。必须使客人满意(服务、产品),满足顾客需要,1%的需求,100%的争取努力。

满足顾客需要,效益利润也就来了,创造惊喜,创造满意,创造舒适与愉悦。

1. 自己就是顾客。

时刻关心客人,真诚、诚实、诚信、友好。

双重身份:经营者——顾客;服务者——顾客。相信扮演角色的重要性。对内营心;对外行德。

2. 关注顾客就无需忧虑竞争,不要让客人带着遗憾离店。

"在经营方面,客人比经理更高明。"——喜来登

3. 让客人记住你的服务。

"在客人心里留下美好的印象。"——美国餐饮业巨人托马斯语

"放凉的菜不能上餐桌。"——喜来登

25小时服务。

4. "任何员工无权在任何问题上与客人争执。他必须立即想办法使客人满意,或请他的上司来做到这一点。"——现代饭店之王斯塔特勒

"为做成交易,不能要客人的最后一滴血。"——喜来登

当客人每次光临时,你都必须努力继续争取他再次光临,不能掉以轻心。要有整体和长远眼光,不要把大路堵死。无论客人出于什么原因提出退菜应立即接受,并及时处理。退菜原因事后要分析,并处理。

顾客批评与表扬的比例。若是4∶6就要查经理是否用酒店利润换客人的好感,若是6∶4就要查经理工作的疏忽。

二、案例:某大酒店试营业期间客人对菜品投诉简摘与对策

1. 菜量太少,有悖"物有所值"。
2. 私自给客人改变菜单。
3. 菜品不熟。
4. 凉菜没有拌匀。
5. 顾客不喜欢的菜坚持推。
6. 上菜速度太慢。
7. 标准菜单前后标准不一样,主菜发生了变化。
8. 客人怀疑大雁肉的真实性。
9. 不回答客人的问题或用否定语回答。
10. 上菜顺序不按餐桌礼仪执行。
11. 有菜无价。
12. 热菜太凉。
13. 菜品有异味。
14. 菜品太咸,太淡,太腻。
15. 找理由拒绝客人退菜。
16. 多功能厅服务应增加友情提示。
17. 回答客人"没有开水"或"不知道开关在哪"。
18. 菜品有异物(头发、塑料绳、泥沙等)。

19. 包间太冷。

20. 菜品传丢了。

21. 发放赠送券不当,造成客人严重不满。

22. 将客人婚礼鞭炮错放。

23. 婚宴客人对余下酒水不清有意见。

24. "我连面条都没有捞到吃"。

两条措施:

① 请有关部门按照投诉意见逐一落实改进措施,并提出若再出现类似情况的处罚意见。此项活动用一周时间结束。

② 酒店立即开展走访客户活动,特别要走访那些投诉者,用具体措施化干戈为玉帛,争取成为回头客。此项活动用两周时间结束。

③ 开展与顾客需求"谈恋爱"的活动。

活动首先要从"爱心"出发,在倾听、寻找需求的基础上进行归纳,想方设法满足客人需求并反馈给客人。活动是个不断深入的过程。

三、客人的期望值、实际感受与满意程度关系图

1. 期望值高,实际感受好,客人感到如愿以偿,感知服务质量高。

2. 期望值低,实际感受好,客人感受出乎意料地好,感知服务质量高。

3. 期望值低,实际感受很一般,感知质量还可以被接受。

4. 期望值高,实际感受差,客人感到名不符实,产生极大失望,感知质量最低。

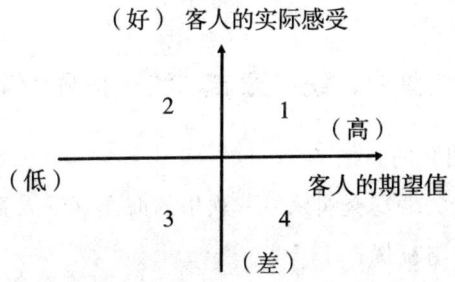

四、准确掌握客人需求的"质"和"量"图示

1. 客人需求的"质"

需求项目 宴请种类	食品	价格	环境	服务
商务宴	3	4	1	2
一般聚会	1	2	3	4
婚 宴	2	3	1	4

2. 客人需求的"量"

客人消费需求、实际消费能力、预期消费三者相吻合是客人需求的量。浪费与超出预期,客人都不悦。

酒店经营是一项长期经营,短期高收入与回头客之间,应取后者。

五、客人对酒店的需求简述

1. 求安全卫生。
2. 求尊重亲切。
3. 求美(环境、美味、形象)。
4. 求知(新、奇、特)。
5. 求快捷方便。
6. 求舒适、安静。

第二节 打造坚强的团队

一、打造高度集中、统一意志、统一指挥的坚强有力的团队

1. 坚强有力团队的案例

东方红大酒店的婚宴交响乐——欢乐的海洋(千人宴)

前奏曲:自信与祝贺;

礼 炮:期盼与欢庆;

主旋律：欢乐与享受；

续　　曲：邀请与自豪。

2. 坚强有力团队的标准

为了很好地完成酒店的三大使命，做好酒店产品，酒店从业人员要在内功上狠下功夫。打造高度集中、统一意志、统一指挥的坚强有力的团队，必须思想先行（第一位），没有思想的团队是没有灵魂的团队。如同汽车的每个部件都是重要的协调体。上道工序是下道工序的上帝。楼层经理与厨师长是搭档、人的左右手，军队里的司令员与政委。

客人只认酒店不认人。只有要求团队每个成员都用正确的思维方式去思考问题，才能形成统一的目标、统一的追求、统一的理念，才能真正提高整个团队的思想认识水平，思想力才会达到一个新的高度和境界。

3. 尽量不把服务中的缺点与错误暴露在客人面前

个人难免有个别失误，但从整体上讲，讲究整体配合，强调补位服务，即面对顾客的需求，不是先去追究服务岗位上谁的责任，而是首先把服务补救到位，让客人满意。本来有失误的局部，由于得到了补位或协助，使企业在客人面前，仍然是完美无缺的良好整体质量形象。

酒店应有一套非常严格、完整，也很有特色的质量标准——黄金标准。其中有两条特别强调了整体意识。

① 客人投诉，不论事由，不论对哪个部门，对什么人，任何人都必须无条件立即做出反应，接待处理。

② 以上的投诉，若处理投诉的人需要其他部门协助的话，任何人必须站在酒店整体立场无条件配合。

4. 把服务的关键时刻即接触点视为酒店中高于一切的头等大事

每个顾客从预定、入住单位到消费、结账，与服务有五次以上的接触，平均每次接触若以15分计算，每个顾客就是75分钟，这就是服务的关键时刻，即接触点，顾客满意不满意就在此一举。这就是酒店最大的效益来源，因此要把解决顾客接触点的问题视为酒店中高于一切的头等大事，酒店从上到下无条件地全力以赴支持一线员工，为一线服务。

二、坚持报告制度和服从制度

1. 报告制度

酒店执行着严格的层级管理，上级可以越级检查，不可以越级指挥；下级可以越级投诉，不可以越级汇报。每个管理者在每个岗位上、思想上要越位（超前），工作上要到位，不错位、不越位，但需要时要补位。

美国饭店管理专家喜来登说："不要滥用权势和要求特殊待遇。"

报告的目的：一是掌握动态与市场行情、客户情况；二是约束管理人员。

报告要简明扼要，言之有物。如酒店的10％的服务费问题，如何面对不同客人等。

管理者每人每天都要问自己："我今天请示了没有？"

2. 服从制度

要像军队一样绝对服从，无任何借口。

千万不要挺身而出去捍卫自己的缺陷，不要成为借口专家。

美利华企业文化精要中有关服从：（1）服从面前没有面子；（2）服从要直截了当；（3）先接受再沟通；（4）马上按指令行动；（5）服从没有借口。

服从的标准是什么？当企业提出要求时，员工能否积极地按企业的要求去做，失去了服从，所有的战斗力、工作业绩都是一句口号、一句空话。

3. 不许对上隐瞒

① 一位领导者的话：如何和老板打交道，讲实话，单位有问题一定要如实告诉老板，坦白你的想法，一方面是沟通，一方面让老板认识你、信任你，凭良心工作。

② 对上隐瞒是如同瘟疫一样的职业病，我们要及早预防和坚决杜绝。

对上隐瞒是不忠于企业与断送自己前途命运的开始，酒店一切人员应坚决杜绝。

对酒店管理人员来说，对上是否忠诚是个素质问题，对上是否隐瞒是个品质问题。是否忠实，是否隐瞒，事实是胜于雄辩的。酒店的事业要求它的管理者一定要实事求是,决不许隐瞒,不要感染这种职业病。

4. 不许对下抱怨

① "当下属出现差错时,就像爆竹一样,一点火就火冒三丈。"——喜来登语。现实中有些管理者态度野蛮(不干就走,我开除你,我监督你,你必须向我报告——)。

② 对下抱怨也是如同瘟疫一样的职业病,抱怨是不允许的,我们要用关爱、指导代替训斥,以理解、胸怀代替埋怨。我有权改变自己,无权改变别人,但有权指导员工。作为酒店的管理者对于下属不仅要说给他们听、做给他们看,同时也要带着他们干。

③ 道德标准应该是:得到一个工作就应该全力以赴地去做,取得成功最重要的因素并不是杰出的才能,而在于优良的道德品质。小胜靠聪明,中胜靠智慧,大胜靠德行。

对下报怨说到底是个能力问题。

5. 反对老好人,反对拉帮结派

净雅集团董事长张永舵要求下属:"我们要团结,不要一团和气,不能表面上你好、我好、大家好,要求把问题都放在桌面上,反对老好人,反对拉帮结派。"

三、榜样的作用

1. 榜样的作用

作为管理者,处处、时时、事事都要成为榜样和表率,下属是领导的影子。榜样是无形的命令。身正无令则行,身不正,有令则不行。

① 一切制度、办法首先是管理领导的。

② 做人做事到位,以德服人,对内营心,对外行德。

③ 严管厚爱相结合。

④ "弄清情况再下令。"——喜来登。

⑤ "不要收别人礼物,特别是那些讨好你的人的礼物。"——喜来登

⑥ "特别注重对管理人员的培训,特别是管理中的优秀者。"——希尔顿

这里要说说领导的风范:

① 20%的企业骨干起 80%的作用。领导团队在骨干队伍中虽只占 20%，但在骨干队伍里发挥着 80%的作用，即"二八定律"。

② 用细心关爱感召员工的忠诚度。

③ 一切从严要求自己的同时，也要从严要求团队上下——成功的企业无不采取严格管理。

④ 认真谦虚，学会"听"取下属意见。

⑤ 勇于承担责任，用自己的信心与决心感染大家完成任务。

2. 沟通制度

美国著名管理专家杰克·韦尔奇说："管理的秘诀是'沟通、沟通、再沟通'。"现代酒店的所有工作的完成都依赖于沟通。国际饭店业统计，酒店经理要将 75%的时间花在与人们交谈与倾听意见上。沟通就要解决联络和商量的问题。联络要解决何时、何地、谁、什么、为什么、怎样、多少诸问题。商量是与同事、客户充分交换意见，准备完成任务的对策。

领导力，是在关键的危难一刻，用舍我其谁的魄力和坚持到底的意志博出来的！因此说，企业做大了，老板的心胸是第一位的，而创业时，老板的意志往往是决定性的。

沟通实际上就是信息的相互交流。服务必须通过相互沟通来提高，如简报、例会、文件传达、电话交流、微信、信息流存等，都是有效地沟通途径。其中文化很关键，按信息论原理，用口头传递信息，每传递一次信息保真量只有 70%，一条信息传递四次后，只剩不到 25%的内容了，而这 25%中间完全可能还有差错。

作为一个酒店管理者每天都应问问自己：

怎么没报告？

你联络了吗？

你沟通了吗？

你商量了吗？

3. 接受阻力

阻挡、拦阻是你及你的事业前进的力量。磨练是自己成长的过程。成功者要热爱痛苦，因为成功的一半是忍耐。

一帆风顺的事物是没有的，因为事物的发展有个过程，对事物的认识也有个过程。

人为的阻力往往是主要的，这个人有时候就是自己（知识、偏见、习惯……）

接受阻力迎难而上，迎难而进。"人都是逼出来的。"能屈能伸。

我们不仅要追求知名度，更要追求美誉度。

四、正确处理个人利益与集体利益之间的关系

1. "人梯精神"是我们的光荣传统，永远都要发扬光大。

在他人危难面前——有人上去了，有人退下去了。

有人让人崇敬，有人作出了不齿的行为。

人的生命价值——传统美德——齐心协力的品格要发扬。

但有些人不适当地放大了自我力量。

2. 每个人都是大家庭中的一个成员，只有一起合作才能把服务工作做好。

有的酒店卖月饼、卖卡，单位已考虑了个人的提成问题（个人利益），但有的员工把个人提成部分都给了客户，这种精神就是大公无私，应提倡、表扬。

不考虑集体利益或牺牲集体利益为个人，则是应批评的。

3. 净雅餐饮集团董事长张永舵说得好："每个人的思维方式直接决定心态，心态直接决定意识，意识能丰富思想，思想能决定行为，行为能决定习惯，习惯能改变人的一生。只要摆正了个人利益与集体利益的关系，一切问题就迎刃而解、锦上添花了。"

第三节 菜品是酒店的核心竞争力之一

一、坚持菜品走标准化、规范化、精品化的道路

1. 从 2009 年 5 月 1 日起，"鲁菜标准体系"地方标准正式实施了。之前有些省份也制定了地方菜的标准，这是促进产业化发展的必由之路。有的单位天天说菜单标准化就是实施不了，关键是认识有问题。招牌菜、特

色菜、特色面点、特色凉菜一定要有脚本。没有脚本就没有稳定的菜品，就没有菜品的发展。"一碗牛杂闯天下"，能在20多个省开100多家连锁店靠的是标准菜单。王品集团牛排一年能卖958万块，23亿元，靠的仍然是标准菜单。

菜品推崇"极至"。"极"是顶端最高点，尽头处；"至"是到，可以达到。"极至"——根据现有条件可以达到的最好程度，做成招牌菜、私家菜。

2. 标准菜单简介——位上菜菜牌。

菜名	01 蒜泥白肉鲜芦笋（凉）
主料	五花肉、芦笋
配料 料头	粽子叶、炸蒜茸
调料	蒜泥白肉汁（香麻微酸）
做法	① 芦笋去皮改刀，沸水过凉。 ② 五花肉蒸熟，去皮切片。 ③ 把切好的肉片包于芦笋。 ④ 用粽子叶垫底，放上肉卷，淋上蒜泥白肉汁炸蒜茸即可。
味型	香麻微酸
时间	8分钟

菜名	06 酱椒明虾（海鲜）
主料	虾球8只（14头去壳）
配料 料头	干葱、红椒米、蒜茸、橙子粒、海鲜辣椒酱，小馒头8条，鸡蛋
调料	盐、味粉、鸡粉、糖、海鲜汤、辣椒油
做法	① 虾球飞水、拉油。 ② 锅入油煸炒料头，并放入海鲜辣椒酱加入海鲜汤，调味打薄芡淋鸡蛋、辣椒油即可。 ③ 小馒头8条蒸热炸至金黄色拌上，并放上1条香菜。
味型	咸鲜甜微
时间	12分钟

菜名	01 海鲜酸辣汤（汤）
主料	
配料	虾仁1只、竹笙丝、香菇丝、豆腐丝、木耳丝、笋丝、自制红酸辣汤、豆腐、绿葱花
料头	
调料	白胡椒、上汤、香醋、盐、糖、鸡粉
做法	① 豆腐丝用开水烫过，其余原料飞水。 ② 锅内入酸辣红汤打芡，放入飞水原料，上面撒葱花即可。
味型	酸辣、带白胡椒的鲜味　　（简制：汤羹、草帽碟上）
时间	5～6分钟

菜名	01 黑椒酱爆牛柳粒（肉）
主料	新西兰牛柳
配料	鲜马蹄、芦笋
料头	蒜片、白绿香葱
调料	自制黑椒酱、黄油
做法	① 马蹄飞水，芦笋飞水后青炒待用。 ② 牛柳粒入锅两面煎至上色即可倒出。 ③ 锅入黄油下炸蒜片，香葱略煸下黑椒酱煮开，下牛柳粒、马蹄炒均，下香葱出锅装盘，芦笋撒于面上，再撒上白芝麻即可。
味型	汁香肉嫩、微辣
时间	8分钟

菜名	10 咸鱼鸡丁鸭蛋炒饭（主食）
主料	鸡粒、鸭蛋、咸鱼
配料	米饭、生菜丝
料头	姜米、绿葱花
调料	生抽、蚝油、味粉、鸡粉
做法	①鸡粒飞水后拉油。 ②锅入咸鱼煎香，放入姜末下鸭蛋炒匀后放入米饭炒匀，生抽、蚝油、味粉、鸡粉调味，下鸡粒、生菜丝、葱花翻炒出锅即可。放上豆苗、枸杞子装饰。
味型	咸鲜干香　　（简制：炒制、盘上）
时间	8分钟

3. 实行标准化的过程是一个痛苦的过程，既要战胜传统观念，又要战胜习惯势力。这里重要一点就是一个人的观念。

二、菜品是酒店的核心竞争力之一

1. 核心竞争力是单位最突出的特色

作为以餐饮为龙头的酒店来说，菜品就是核心竞争力之一。菜品要精制，即针对客人的特殊要求设计菜单，既要显示大气、优雅，又要显示高档。过去有的人认为，规模越大的酒店生意越好做，档次越高的酒店生意越好做，只要物有所值，价格越贵，生意越好做。其实高档酒店也是以大众化餐饮为基石的。

2. 出菜时间问题（以叫起时间为计）传呼

果盘先上，凉菜5分钟之内上，一般炒菜15—20分钟上，特殊炒菜25分钟上。

厨师不得以任何理由拒绝客人换菜，必须使客人满意。

质量是酒店的生命（满怀激情，注重细节，追求完美）。

净雅所管理的饭店对顾客都有一个承诺：上菜超时补偿客人100元。电脑点菜系统与厨房、结账台联网，第一道菜5分钟内提供，其他菜35—50分钟内上齐，超过时间补偿客人100元。要求到、监督到，就能做到。质量要有标准，执行要不折不扣，否则就是自毁长城。要把握好做菜的"火候"，更要把握好"诚信"。信任是品牌的基础，甚至是核心。

三、企业的核心价值观是创造给予

1. "你是不是永远在创造，永远在创新？"——紧盯着你的顾客，紧盯着你的一线员工。（独领风骚三五年）

顾客化自主管理体系，主动服务体系，采购比价体系，厨房价值化体系。厨师团队，服务团队，管理团队。

2. 狠抓品质，美滋美味百姓青睐。

五味：酸、甜、苦、辣、咸

六滋：清、鲜、嫩、爽、滑、香

3. 同等价格质量高，同等质量价格低。

价位上薄利多销，让百姓得实惠。

到×××大酒店不一定吃国宴，吃国宴一定到×××大酒店。

到×××大酒店不一定吃满汉席，吃满汉席一定到×××大酒店。

到×××大酒店不一定吃铁板养生料理，吃铁板养生料理一定到×××大酒店。

到×××大酒店不一定吃老威海菜，吃老威海菜一定到×××大酒店的老威海餐厅。

四、创新菜

1. 创新菜公式

新原料＋新技法＋新调料＋新口味＋新观念（五项中至少改变一项）

2. 创新原则

抓住食客的喜好，抓住时代的主流，才能被食客认可

每个档口每周研制出一道创新菜，每月四款新品面客

3. 创新程序

档口报、试菜、认定公布/周、月，选用菜品获奖金100元

4. 创新菜品认定

① 新意认定——本店菜单没有，当地酒店没做

② 生产价值——有无投产必要（能否引起消费者关注）

③ 推广价值——有无较大规模的推广

④ 经济价值——利润空间

⑤ 社会价值——是否适应顾客健康的需求

净雅菜品创新实例：每年拿出50万元奖励创新菜。

① 员工提思路，厨师加工，奖励按8∶2原则分配。

② 听客人说一种小馒头，后厨主管做成后获奖数千元。

③ 凉菜师杨安2007年研发七道凉菜，获奖3300元。

④ 面点王大姐做煎饼获奖3000元。

菜品推陈出新，是一个酒店的立根之本、发展命脉。

五、好吃是硬道理（菜品的本质）

介绍几款在好吃上下功夫的菜肴：

★ 杨眼睛的唆螺标

1. 净洗环节：吐水 24 小时，泡螺时清水里滴入食用植物油（茶油或菜油），拍松的生姜，放入半调羹盐，一调羹做蛋糕专用吉士粉。

2. 煮水：用手搓擦刷洗螺体，烧水，水中放入白醋（25 公斤螺放一瓶糯米醋），螺在水中煮 10 分钟，打泡撇沫。

3. 爆炒出香味：不可直接煮熟，应先爆炒，爆肉才可以去腥弹牙。——如何炒：先以猪油小火煸香，入八角、桂皮、蒜子、姜片、大茴、小茴，加入肉泥，将这些调味料炒熟，再"哗"地倒入唆螺，入干紫苏、火锅料、剁椒。火锅料起入味作用，翻炒必须 10 分钟。

4. 调汤出锅。

★ 特色粉丝

泡——拌——蒸——冰——炒

虾、牛肉末、青红椒、韭菜段、香菇丝、冬笋丝。

泡——凉水 2 小时，弹性、透明，最好是冷高汤中。

拌——加味达美、鲍鱼酱、金兰油膏、味精、老抽、葱油一起拌，加保鲜膜上蒸锅。

蒸——沥水，防止发黏，大火 8 分钟，时间太长黏，打结，时间太短弹性不够，中间有硬芯。蒸后趁热抖散，自然冷却不黏。

冷——入冰箱冷藏不超过 2 天，一定不要冷冻，口感弹性最佳（200 克一份分包）。

炒——（开餐前从冰箱取出）油要少，清爽，有立体感。

特色菜专菜专做——保证招牌菜的特点和稳定。

★ 炒鸡蛋六关键

1. 选料——农家散养的鸡所下的蛋。

2. 必须用豆油炒——炼熟豆油去掉豆腥味炒蛋，蛋更黄更亮，农家味更浓。

3. 红星二锅头和水按 1∶6 的比例兑好，打蛋时滴 2—3 滴，能够有效去腥，炒好的鸡蛋松软。二锅头水要每餐现用现兑，若兑早酒就挥发了。

4. 打鸡蛋时，可以加入地皮菜或大葱——由食客选择。

5. 炒鸡蛋专门配了小单饼，出菜上桌时，加上自制的芝麻盐和炒好的小咸菜卷着吃。做芝麻盐要先把盐和芝麻分别炒好，然后再一起炒，二者香味融合，再用蒜臼子多次捣碎，每次只捣分餐勺一平勺（芝麻最大粒为半粒），捣量太多，碎得不均匀，影响口感。芝麻盐要密封保存，防止返潮和香味挥发。使用期限不超过三天。

6. 小咸菜则是疙瘩咸菜切成小粒，用水泡出多余盐分，加少许葱花、青红椒丁，用花生油炒熟的。

炒鸡蛋＋芝麻盐＋小咸菜，用小单饼卷着吃——口味非常好。

★ 葱烧海参

由油上入味——海参里外一个味。

油3斤，葱5斤。

1. 选大葱劈开，凉生油下锅，慢火升温至300度，捞出大葱。

2. 再入葱于油锅，捞出大葱。

3. 海参长者一切四半，在葱油中拉一下（火大些，让海参出水，便于入味）。

4. 第三遍葱油，用料酒、蚝油、老抽、糖烹锅，边炒边勾芡（水要少）。

5. 加尾油（浇明油），装盘时葱段去掉。

★ 酒酿丸子炒玉米：2元成本卖14元

糯米粉做成大小均匀的小丸子，入开水锅煮1分钟至断生，再粘匀芝麻下五成热的油中炸2分钟（增加卖相可用菜汁做成多色丸子），鲜玉米煮熟取粒，炒锅放15克煮玉米原汁加10克白糖炒化，下炸好的小丸子，煮好的玉米粒翻匀，收干汁即可。香甜可口，女士儿童喜爱。

★ 香港回归宴菜单（见附件）。

★ 澳门回归宴菜单（见附件）。

第四节　服务注重细节

服务产业、服务与优质服务的七大要素，我在"以顾客为中心，一切为了顾客的满意"中已讲过，这里就不再讲了。服务注重细节，推崇"无微不至"，即对客人的精细化、特殊化、亲情化。

服务业的竞争，不仅是硬实力（比如产品、环境、价格）的比拼，更是个性化、亲情化服务的较量。优秀的文学作品就在于创造"这一个"，而优秀的服务业也在于此，只有关注"这一个"，才会被"这一个"所关注。谁为顾客的利益考虑得越多，谁就越有竞争力。服务就意味着拿出解决问题的方案，服务，就是永远把小事当成大事来做。

一、关于服务方面一些成功的理念

服务"没有最好，只有更好"，这是发展的观点。

硬件求"新"，常来常"新"，有吸引力；软件求"情"，"情"的感受，"情"打动人。新＋情＝美。

1. 四个之前

预测顾客需求，要在顾客到来之前；

满足顾客需求，要在顾客开口之前；

化解顾客抱怨，要在顾客不悦之前；

送给顾客惊喜，要在顾客离开之前。

我们要认识"顾客购买的是期望而不是商品"这一原则。顾客购买有期望利益（购买知晓），隐含利益（购买中得到）和附加利益（企业提供）。创造惊喜，需要用心服务。要想到：我们能牢牢吸引顾客的，绝不只限于满足顾客的消费目的，要敏锐地抓住顾客内心潜在的附加需求加以关怀，就能用举手之劳的付出，为顾客创造无可限量的惊喜。

2. 四个服务

上级为下级服务，二线为一线服务，上道工序为下道工序服务，全员为顾客服务。

3. 四个指挥

营销人员是一线的指挥者，一线是二线的指挥者；

下道工序是上道工序的指挥者，顾客是全员的指挥者。

追求利润最大化，顾客满意度就会最小化；

追求顾客满意度最大化，利润也会最大化。

4. 处理顾客抱怨的四个最佳时机

顾客不悦之前，消费结束之前，顾客离店之前，离店 24 小时之前。

二、某大酒店中餐服务程序

从确定客人预订、引领客人到位，到香巾服务、通知起菜、点酒水、开场白、上菜、餐中服务、为左手用餐客人服务、酒水服务、分餐服务、甜食服务、征询客人服务、打包服务、结账并感谢客人、送客等 36 大项 250 个小项，一一都有明确规范的要求。（附件）

三、服务中细节不是小节

一张意见卡的启示

一位上了年纪的外宾来到酒店大堂，走到大堂经理面前，告诉大堂经理，他在该酒店住了一个星期，今天将要离店回国，在住酒店期间，不论他走到哪里，都受到服务员无微不至的照顾。饭店的设备虽然一般，但服务很好，服务人员在举止、礼貌和服务等方面都表现出较高的素质，给他留下了深刻的印象。因此他在离店前特地找到大堂经理，表达对饭店和服务人员的感激之情。

这时，外宾拿出了一张意见卡，这是客房内的《宾客意见卡》，外宾打开意见卡，大堂经理看到客人在上面的满意栏上都画了勾，并在空白处写下对饭店的赞美之言。这位外宾对大堂经理说："在这一个星期当中，我对贵酒店各方面都很满意，但是在我将要离开时并且在意见卡上表达了满意和感激之情后，就是这张意见卡给我留下一点点遗憾。希望贵酒店在管理上能做得更细一点。"

大堂经理从外宾手中接过意见卡一看，明白了。客房内的《宾客意见卡》是折成三角形放在写字台上的，由于长时间没有打开过，在三角形的空间内积有一些灰尘。外宾打开意见卡写完后，抬起手一看，这些灰尘蹭到了手上和衣服上。就是这一点灰尘，在这位对饭店评价很高的外国老人心中留下了遗憾。

四、四个非常成功的服务案例

1. 日本松下公司的"上帝诀"。

宁可失去一笔交易，也不可失去一位顾客的信心：

① 对顾客不可怒目而视，也不可有讨厌的心情。

② 注意门面的大小，不如注意环境是否良好；注意环境的良好，不如注意商品的良好。

③ 销售前奉承，不如销售后服务。只有这样，才能得到永久的用户。

④ 资金缺少不足虑，信用不足最堪忧。

⑤ 对一元钱的顾客同百元钱的顾客一视同仁，是商店兴旺的根本。

⑥ 遇有调换商品或退货时，要比卖出商品更加客气。

⑦ 销售优良的产品自然好，将优良产品宣传推广而扩大销售则更好。

⑧ 如果没有随赠之物，笑颜也是最好的赠品。

⑨ 缺货是商店的失败，道歉之后，应询问顾客住址，并说："马上取来送到贵处。"

⑩ 对商人而言，没有繁荣萧条之别。

2. 法国的马克西姆饭店——顾客最迷恋的美食家，为顾客提供的服务无可指责。这个饭店有一位杰出的领班——阿尔贝尔，精良的服务赢得广大顾客的称赞。

阿尔贝尔的崇拜者是一群名流显贵，阿尔贝尔的服务技巧十分娴熟，经常是客人没有提出来，便主动亲切周到予以招待，使客人仿佛在朋友家中做客一样——他成为法国的知名人士，现在巴黎格里文博物馆中还陈列着他的蜡像。

阿尔贝尔的作风已经成为马克西姆饭店的传统。餐厅值班经理罗日·维亚尔被顾客誉为"亲切的罗日"。在1500多名常客中，罗日可以叫出许多人的名字，并知道他们的就餐习惯，往往顾客刚刚步入门厅，便引导他们到自己常坐的座位上去。

在马克西姆饭店，从值班经理到餐厅经理，从斟酒师到服务员，分工十分明确，装束也各不相同。值班经理——监督整个餐厅工作，接待就餐者，或电话预订者。领班——来为客人订菜，监督服务人员按客人进来的先后顺序招待。

服务员——更换餐具，上菜等。用餐方法的一定之规：每道菜服务员要现场分份（先请客人观赏再分）。

斟酒师——专为客人斟酒，每吃一道菜更换一次盘子，不同的菜用不同的餐具，菜从客人左边上，碟子从客人右边撤下。如菜的质量不符合客人要求，从不掩饰和辩解，表示歉意后立即更换。用餐过程中，食什么菜饮什么酒也有一定的讲究，海味搭配白葡，肉类搭配红葡，最后吃点心时饮用香槟酒。每当酒瓶启封时，先给客人斟少许，品尝味道是否纯正，待客人表示满意后再给客人斟。

3. 诺顿百货公司（创立倒宝塔组织结构者）确立了靠服务而不是靠削价取胜的竞争策略。

服务内容包括：

① 替要参加重要会议的顾客熨平衬衫。
② 为试衣间忙着试穿衣服的顾客准备饮食。
③ 替顾客到别家商店购买他们找不到的货品，然后打七折卖给顾客。
④ 在天寒地冻的天气替顾客暖车。
⑤ （有时甚至会）替顾客支付交通违章的罚款。

为顾客着想是整个公司从总裁到普通员工的思想意识。

4. 杭州美食家的"诚招天下客，情满美食家"的形象。

每双筷子套上写着两行字："假如我的菜好吃，请告诉您的朋友；假如我的菜不好吃，请告诉我。"——富有浓厚情感的语言同美食家的名字一起传遍了整个杭州。美食家——一个普通的餐厅，地理位置不太理想，既不是车站、码头，又不是风景区、闹市区，刚开业时生意清淡，门庭冷落，没有顾客光顾，餐厅生存发生问题。

餐厅的经理们意识到，要让顾客欢迎、光顾，餐厅要有自身的吸引力。吸引力从何而来，来自顾客心目中的良好形象——吸引力放在一个令人亲切的"情"字上，依靠情感的传导来沟通与顾客关系——情感效益。

只有把情感输入顾客心里，才能塑造"美食家"的形象。

只有把诚心贴在顾客身上，才能建立"美食家"的信誉。

A、平凡服务中的"人情味"

口号："让我们的汗水在顾客欢笑的脸上闪光"。

富有人情味的口号渗透在平凡的服务之中。

通过"三感"扎扎实实做好服务：

从文明高度抓卫生——干净、整洁、幽雅，给顾客以舒适感。

从礼仪高度抓服务——顾客上门，包括经理在内站立微笑服务，给顾客以亲切感。

从信誉高度抓质量——认真做好每一盘菜，凡属质量问题都要重做一盘，再赔一盘，备好食品袋，让顾客"吃不了，兜着走"，给顾客以实惠感。

舒适感＋亲切感＋实惠感＝顾客对"美食家"的好感。

B、真诚和温暖赢得了越来越多的"回头客"——磁石

凡是在"美食家"餐厅举行婚礼，餐厅经理再忙也要亲临场面予以祝贺。

凡是到"美食家"餐厅举办生日宴会的人，都能吃到一碗由餐厅经理亲自捧上的长寿面。

例1：一年春节前，一对新人在"美食家"餐厅举行婚礼，正赶上滂沱大雨下个不停，新人、客人都被大雨淋得很懊丧，婚礼气氛很不愉快。

餐厅经理想：结婚对人一生是件大事，不能留下遗憾和不快。

来到客人中高声笑着说："老天不作美，赶快凑热闹。但是，这是入冬以来的第一场好雨。好雨兆丰年，这象征着今天这对新人的未来是十分幸福的，雨过天晴是'艳阳天'，象征着今天在座的所有客人都将迎来更加灿烂的明天．我提议为了创造和迎接雨过天晴的明天，大家干杯！"

话音一落，整个餐厅的情绪和气氛发生了180度的转变，沉寂变热烈。

例2：一位工程师预订了200元一桌菜，到吃饭时，工程师对服务员说："10位客人走了7位，一桌菜吃不了怎么办？"

按常规不能更改，但从顾客利益考虑，还是将一桌菜分两桌，工程师桌5菜1汤，另7个菜售予6位急于赶火车的客人。

"两全齐美"——工程师连声称谢,急于赶路的人也谢声不断。

例3:四位从外地来的顾客吃了一盘麻辣豆腐,吃了4/5,发现盘底有根头发,向服务员提出意见,经理得知后,马上通知重新烧一盘麻辣豆腐送上(亲自)并表歉意,顾客甚为满意。

这四位客人凡进城,必来"美食家"。每天不少于500人次顾客。

第五节　提高人员素质

当代酒店管理目标的中心,就是提高员工素质,管理目标的准绳就是看一个企业所培训的人才及这些人才向社会做出的贡献。

一、善待员工

善待员工就是善待企业,人才是企业生存和发展的核心。提高人员素质的目的是使酒店员工成为职业化酒店人,因为顾客依赖于服务者。

1. 酒店的一切都依赖于员工,服务业首先是服务员工

员工是酒店的心脏,是酒店第一批最忠实的顾客,是酒店的主人。

育人原则——用文化教育人,用制度管理人,用绩效考核人,用机制激励人。

员工来店前素质不高不是我们的错,来店后素质没提高就是我们的错。

培养员工要把功夫用在"诗"外,要把主要精力放在对员工素质的提高上,而不是放在纠正员工的错误上。

2. 人的主动精神

——健康的沟通,(情况正常,没有缺陷)配合得适当和匀称。

——接受阻力,自我能动性,勤奋。

——和谐的工作环境,提供一个安全和愉快的工作环境,使员工能发挥出自己最大的潜能来取得成就和实现自我。

——长期的经营活动。建立一种动力管理(激励管理),内部可公开鼓励员工成长的、信任的和创造性工作的气氛,创造出使员工愿意不断尽全力工作的态度和行为。

——用信仰塑造、锤炼、建设一个和谐的团队。

3. 人的技能

先做人后做事，先做人后学艺；技以勤为先，品以德为尊，营以诚为先，生以学为终。

4. 做人的涵养

（1）心存感谢之心；（2）要有气度；（3）要给下属有培养和发展的机会；（4）要赞美别人；（5）要了解下属。

二、酒店的管理者

管理的本质就是要求管理者不断地修身、不断地反省自己、不断地对人性的弱点（自私、贪婪、虚伪、虚荣和懒惰）加以理性的控制。

1. 领导就是服务

只有做事，没有当官。领导就是服务，就是带头，就是做事，就是奉献。领导只是一份沉重的责任，只是一个艰辛的动态过程。

领导者的常态——全身心投入工作。

领导者的行为准则——执行不找任何借口。

领导者的共同追求——客人满意。心中有爱，脚下生根。

领导的信心、决心和魄力，是动员全体员工的不二法门。危机时刻，领导豁出去，员工才可能跟着豁出去。

2. 管理者应该避免十五个零

执行力不到位一切等于零，执行力是基础，细节是关键。

（1）有安排＋不落实＝零；（2）有制度＋不执行＝零；（3）有职位＋不做事＝零；（4）100－1＝0；（5）99＋1＝0；（6）有工作＋没努力＝零；（7）有能力＋没表现＝零；（8）有计划＋没行动＝零；（9）有机会＋没争取＝零；（10）有布置＋没监督＝零；（11）有进步＋没持续＝零；（12）有发现＋没处理＝零；（13）有操作＋不灵活＝零；（14）有价值＋没利用＝零；（15）有销量＋没利润＝零。

3. 要像培养运动员一样培养自己的员工

① 为每一位员工提供一个最适合工作的支持性条件与环境。

② 领导者脸上的笑容是企业的美丽风景之一。

③ 因才施用"个性化定位"（出现问题要有排除一切困难的"坚持"机制，找到属于自己的发展目标）。

④ 始终坚持"员工第一，顾客至上"。

给想干事的人以机会，给能干事的人以舞台，给干成事的人以激励。工作上不怕苦了你，待遇上不怕好了你。求德才兼备的个人，更求德才兼备的团体。打造一支敬业、精业、勤业的团队。激发员工昂扬的斗志，用"挑战自我、挑战极限"来培植使企业成长壮大的基因。

英国威尔逊说得好："没有满意的员工，就没有满意的顾客；没有使员工满意的工作场所，也就没有使顾客满意的享受环境。"

三、酒店管理者的情感储蓄

督导者善用情感储蓄——学习是一种责任

1. 每天上班时与员工打招呼。
2. 和员工谈论与酒店无关但她们感兴趣的话题。
3. 与员工共进午餐。
4. 对员工表示礼貌和尊重。
5. 了解和称呼每个员工的姓名。
6. 学会做一个好的听众。
7. 时刻保持幽默感。
8. 公正处理员工绩效评估和审定问题。
9. 言必信，行必果。
10. 公平地对待每一位员工。
11. 对员工体贴周到，适时地帮助员工处理个人问题。
12. 对员工态度积极。
13. 对于重要的工作，和员工并肩作战。
14. 不断地给予员工鼓励。
15. 对于员工的进步和成绩及时给予认同肯定。
16. 保持愉悦的工作氛围。

四、提高全员营销意识

市场是导向,销售是龙头,因此在提高人员素质时,提高全员的营销意识十分重要。海尔首席执行官张瑞敏说:"企业如果在市场上被淘汰出局,并不是被你的竞争对手淘汰的,一定是被你的用户抛弃。"

1. 酒店销售的任务

发展新客户,巩固、更新老客户

"强化推销努力。"——希尔顿

以最少的费用,享受最多的服务。

客户关系是 21 世纪饭店业赖以生存和发展的最大财富。44.6%的客人希望饭店把他当作朋友、家人对待;28%的客人希望饭店把他当作领导对待;10%以下的客人希望饭店把他当作上帝、皇帝对待。

2. 营销理论

信息传播过去是"教堂式",网络时代信息传播是"集市式"——信息多向互动式流动。

(1) 4Ps 市场营销的含义

酒店企业 4Ps 市场营销是由产品(Product)、价格(Price)、渠道(Place)和促销(Promotion)四个营销要素组合形成的酒店市场营销方式。由于四个要素的首字母均是"P",该市场营销组合及营销方式被称为"4Ps"(其中 s 表示复数)。可见,4Ps 市场营销是基于 4Ps 市场营销组合的一种市场营销方式。

(2) 4Ps 市场营销向 4Cs 市场营销的转变

传统的 4Ps 市场营销理论强调产品、价格、渠道和促销,认为企业只要围绕这四个因素制定灵活的市场营销组合策略,产品的销售就有了保证。但是随着经济的发展,酒店市场营销环境发生了很大的变化,酒店消费个性化、理性化、多样化和人文化特征日益突出,传统的 4Ps 理论在市场营销实践中已经显现出一些不适应。为此酒店市场营销应引入更新的 4Cs 市场营销理论思想,开拓适应市场变化的新市场营销方法。

酒店企业的 4Cs 市场营销是由顾客(Customer)、成本(Cost)、便利(Convenience)和沟通(Communication)四个对酒店市场营销有影响的因素组合而形成的市场营销方式。这种酒店市场营销方式基于 4Cs 市场营销组合理论。

（3）营销的 4S 论

4S 理论从消费者需求出发，建立"消费者占有"行销向导，使消费者满意度最大化。如汽车 4S 店。

销售（满意）＋服务（维修）＋速度（配件）＋诚意（信息反馈满意）

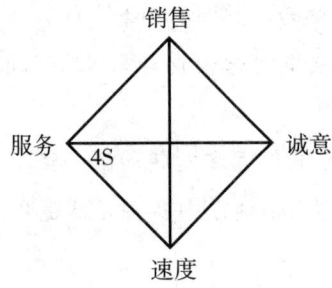

（4）营销的 4R 理论

4R 理论是以建立顾客忠诚为目标的关系营销为核心。

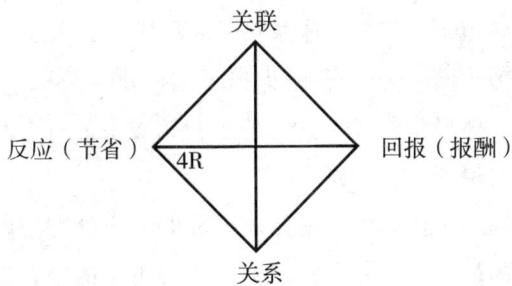

4R 理论有四个重点：

第一，关联

企业与顾客是一个命运共同体。建立并发展与顾客之间的长期关系是企业经营的核心理念和最重要的内容。

第二，节省

在相互影响的市场中，对经营者来说最现实的问题不在于如何控制、制定和实施计划，而在于如何站在顾客的角度及时地倾听和将刚性商业模式转移成为高度回应需求的商业模式。

第三，关系

在企业与客户的关系发生了本质性变化的市场环境中，抢占市场的关键已转变为与顾客建立长期而稳固的关系。与此相适应产生了5个转向：

① 从一次性交易转向强调建立长期友好合作关系。

② 从着眼于短期利益转向重视长期利益。

③ 从顾客被动适应企业单一销售转向顾客主动参与到生产过程中来。

④ 从相互的利益冲突转向共同的和谐发展。

⑤ 从管理营销结合转向管理企业与顾客的互动关系。

第四，报酬

任何交易与合作关系的巩固和发展，都是经济利益问题。因此，一定的合理回报既是正确处理营销活动中各种矛盾的出发点，也是营销的落脚点。

4R营销的特点：

以竞争为导向，着眼于企业与顾客的互动与双赢，不仅积极适应了顾客的需求，而且主动地创造了需求。通过关联、关系、反应等形式与顾客形成独特的关系，把企业与客户联系在一起形成竞争优势。

营销以竞争为导向——4R营销提出了如何建立关系，长期拥有客户、保证长期利益的具体操作方式，这是关系营销史上的一个很大的进步——实现互动与双赢的保证。

为了追求利润，企业必然实施低成本战略，充分考虑顾客愿意支付的成本，实现成本的最小化，并在此基础上获得更多的顾客份额，形成规模效益。

（5）营销的4Y理论

4Y理论是培养和构建企业的核心竞争力，从顾客导向、顾客满意到顾客忠诚。

即：差异化＋功能化＋附加价值＋共鸣

差异化有产品差异化、市场的差异化和形象的差异化。企业营销就是创造顾客。创造顾客就是创造差异化。

功能化有核心功能，延伸功能和附加功能三种。

顾客整体价值包括全部利益（产品价格、服务价值、人员价值、形象价值）。顾客成本包括货币成本与非货币成本（时间成本、精力成本、精神成本）。

价值化有基本价值和附加价值（技术价值、服务价值、文化与品牌价值。如：名品、名人、名企）。

共鸣是指企业持续占有市场并保持竞争力的价值创新，"价值最大化"、"利润极大化"，实现消费者"效用最大化"。终身客户"德求满足"。德求满足是价值创新的核心内容。

（6）微营销的新军

即：趣味原则＋利益原则＋互动原则＋个性原则

趣味原则——将营销的鱼钩巧妙地包裹在趣味的情节当中，是吸引鱼儿上钩的有效方法。娱乐是糖衣香饵。

"八卦"是火爆的通行证，"馒头"是无极的"墓志铭"，比如杭州的"水货"、广州的"开饭"、常州的"锅里锅外"……

利益原则——天下熙熙皆为利来，天下攘攘皆为利往。网络就是一个信息与服务泛滥。信息资讯——功能与服务——心里满足或者荣誉——实际物质/金钱利益——等待你来填写，相信你能发现。

互动原则——网络的特点互动性要挖掘。未来的品牌将是半成品，另一半由消费者体验、参与来确定。

个性原则——个性在网络营销中的地位更加凸现，"大街上人人都在穿，全威海独此一件，专属于我"。这就是专属，个性显然。因为个性所以精准，因为个性所以诱人。

个性化营销，让消费者心里产生"焦点关注"的满足感，个性化营销更为投消费者所好，更容易引发互动与购买行动。

个性化营销传统营销难实现、成本高，网络媒体很简单。

（7）营销理论的操作要点

不论是传统营销还是网络营销、粉丝营销，都要牢固掌握它的操作要点。

紧密联系顾客；

提高对市场的反应速度；

重视与顾客的互动关系；

回报是营销的源泉。

3. 顾客不满意时的行动选择

顾客不满意
- 公开使用法律武器——公开向政府部门投诉等
- 私下向企业投诉——私下从企业得到补偿等
- 90%的不满意顾客会停止购买本企业产品——并提示他人购买时要慎重或做反宣传等
- 不采取任何行动

第六节 严格的检查、控制与监督制度

一、标准化管理

岗岗有标准规范，人人按标准履职，这是酒店的常规。它的实质是每一个岗位"做什么"、"怎么做"、"做到什么程度"、"有谁来考核监督"以及"与相邻岗位有什么关系"，都用标准的形式规定下来，做到了"岗岗有标准规范，人人按标准履职"。如酒店后厨的标准化由设计的标准化、控制的标准化、菜单的标准化、生产的标准化、采购的标准化五项构成。

有了标准化，才可以复制，才可以做大；有了标准化，才可以改善，才可以做强。而标准化，恰恰是中国服务业致命的短板，也恰恰是最大的机会。美国快餐，日本汽车，世界大的饭店管理集团等都得益于管理细节的标准化。

二、强力督导

这是每个企业成功的重要保证，也是对员工的最大关怀。不管任何部门，任何地方，没有检查，控制与监督，必然出现问题。

国际酒店管理集团都把强力督导作为管理的保证。管理人员要带着工作标准去巡查、去督导，要提高工作效率，就必须坚持现场督导。作为酒店的各级管理人员，工作的关键就是要多走、多看、多检查。得罪了所有人的经理不是好经理，不敢得罪人的经理也不是好经理。

美国假日酒店管理集团的检查办法是：40人的专职检查队伍，每年检查四

次，500 多个项目，满分 1000 分，达不到 850 分提出警告，限 3 个月改正。第二次检查，原先查出问题未改者，这次加倍罚分，再不改正去掉假日集团管理的牌子。每年去掉管理牌子的单位 30 多家，占管理饭店的 2% 左右。

三、严格的检查、控制与监督制度

这是目前不少酒店管理的最薄弱的环节之一。

（一）服务仪容仪表检查的内容

1. 服务人员是否按照规定着装并穿戴整齐；
2. 制服是否合体、清洁，无破损、油污；
3. 标志牌是否端正地挂于左胸前；
4. 服务人员打扮是否过分；
5. 服务人员是否留有怪异发型；
6. 男服务人员是否蓄胡须，留大鬓角；
7. 女服务人员头发是否清洁清爽；
8. 外衣是否烫平挺刮，无污边、皱折；
9. 指甲是否修剪整齐，不露出指头之外；
10. 牙齿是否清洁；
11. 口中是否发出异味；
12. 衣裤口袋中是否放有杂物；
13. 女服务员是否涂有色指甲油；
14. 女服务员发夹式样是否过于花哨；
15. 除手表、戒指外，是否还佩戴其他首饰；
16. 是否有浓妆艳抹现象；
17. 使用香水是否过浓；
18. 衬衫领口、袖口是否清洁并扣好；
19. 男服务员是否穿深色鞋袜；
20. 女服务员着裙装时，是否穿肉色长袜。

（二）工作纪律检查内容

1. 工作时间是否相聚闲谈或窃窃私语；
2. 工作时间是否大声喧哗；

3. 是否有人放下手中工作；

4. 是否在柜台内或值班区域随意走动；

5. 有无交手抱臂或手插口袋现象；

6. 有无在前台喝水、吸烟、吃东西的现象；

7. 有无上班时间看书、干私事的行为；

8. 有无在宾客面前打哈欠、伸懒腰的行为；

9. 值班是否倚、靠、趴在吧台上；

10. 有无随背景音乐哼歌现象；

11. 有无对宾客指指点点的动作；

12. 有无嘲笑宾客失慎的现象；

13. 有无在宾客投诉时做辩解的现象；

14. 有无不理会宾客询问的现象；

15. 有无在态度上、动作上向宾客撒气的现象；

16. 有无对宾客过分亲热的行为；

17. 有无对熟客过分随便的行为；

18. 对宾客能否做到既一视同仁又个别服务；

19. 有没有对老、幼、残顾客提供了方便服务，对特殊情况提供针对性服务。

(三) 一个五星级宾馆的奖罚细则

一是目的，二是内容。内容分为奖励类、组织纪律类、行为规范类、仪容仪表类、考勤类、安全类、物资类、设备设施类等八大类，每类又分轻微过失、严重过失、重大过失。有的在每种过失下又分为员工、领班、主管、副经理以上，整个奖罚细则达450余条款。

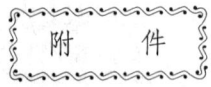
附　件

(一) 海尔冰箱的欧洲生活

当海尔冰箱拿下世界销量第一的桂冠时，引起的关注并没有想象中的多。因为,"世界第一"在中国制造业不是太新鲜的事,人们早已懂得"世界第一"和"世界名牌"之间的差距。但当记者有机会走进海尔冰箱在欧洲的生活时,听到了海尔冲击世界名牌的响亮叩门声。

用细节征服消费者

柏林主妇娜南蒂在家中接受中国记者采访时,反复把海尔冰箱的冷冻抽屉拉出、又用膝盖轻轻顶回去——显然,她非常享受海尔冰箱的这一设计。"我从小从冰箱冷冻室里取东西都要三步:拉开冰箱门、打开冷冻室抽屉、弯腰取东西。用现在的海尔冰箱,我只需要拉开抽屉直接取东西。根本不用弯腰,就这么简单!"她一拍冰箱,对着记者摆了一个优美的身形。在科隆主妇安娜的家中,她不厌其烦地为远道而来的中国记者演示,如何用海尔冰箱门上的摄像头给家人留言。

打造世界名牌,是无数中国企业的梦想。海尔集团首席执行官张瑞敏早就认为:"国门之内无名牌,要走出国门创名牌。"而他的创世界名牌之路,选择的是先拿"高地"——从欧美高端市场入手。理想虽然美好,但实现的路还得一步一步艰难地走。用什么征服挑剔的欧洲消费者,就是一个说来简单、做来很难的问题。

把冷冻室做成抽屉式的,把储酒架在冰箱内做成可折叠式的……一个个看似简单的设计是海尔团队大量市场调研的产物,正是这些差异化的细节,征服了娜南蒂、安娜这样的家庭主妇。

物美价廉,似乎是中国出口商品的代名词,但如果你以为海尔不过是用便宜的价格征服了欧洲消费者,那就大错特错!2005年以后,海尔冰箱在欧洲市场实现了质的飞跃——开始主打高端产品。在柏林中心区最大的电器卖场,记者看到,海尔的产品与米勒、惠而浦、菲利浦等世界名牌同台竞技,而且同类产品价格差别不大。这里的负责人告诉记者,海尔冰箱的优势,是产品具有差异性。德国顾客刚开始看到海尔产品时,虽然看中它的功能设计,但也担心中国产品的质量。"海尔冰箱具备了像米勒一样的品质,我们从没有接到顾客的质量投诉。随着产品的逐渐推广,德国顾客的接受度提高很多,现在海尔冰箱卖得很好!"

好产品不等于大品牌

虽然中国企业与世界名牌在产品上的差距在缩小，但在营销方面差距仍然很大。1997年，在德国科隆博览会上，海尔首次向12家欧洲经销商颁发了海尔产品专营证书。但那只是起步。

IFA（德国国际消费电子展）是欧洲最重要的消费电子展会，也是如今海尔在欧洲最重要的秀场。一家曾经拒绝过海尔的意大利经销商，在去年的IFA后接受了海尔，并在旗下100多家商店摆上了海尔的产品。在今年9月的展会现场，笔者在海尔展位看到，许多西服革履的参观者在仔仔细细地研究海尔冰箱，甚至用相机拍摄诸如冰箱门扣手等细部。海尔冰箱欧洲区负责人李先生告诉记者："这些人80％都是我们的竞争对手，去年诸如利勃海尔等德国本地同行，来我们的展位一看就是半个小时。"

是实力，让这些昔日的老师、今天的对手如此关注和研究海尔。但海尔深知自己要走的路还很长："确实，知道海尔的欧洲消费者很少，但没有不知道海尔的商家和同行！这是我们在欧洲多年努力的结果。现在我们有产品有能力，可以和世界大品牌硬碰硬地正面交锋了！"李先生的话，透露出几分海尔的底气！

经略欧洲市场十余年，海尔的进步不容小觑！就拿今年的欧洲市场来说，在金融危机的冲击下，冰箱销量在下降，但海尔冰箱逆势上升。1至8月，从青岛海尔总部销往德国市场的冰箱同比增长27％，而且增长主要得益于海尔高端冰箱占比的扩大。德国权威调研机构IFR对当地市场的监测显示，占德国市场份额45％的BM（即冷藏区在上、冷冻区在下的结构）冰箱的平均单价为746欧元，而海尔和德国利勃海尔、米勒一起，占据了销量的前三名。更难得的是，海尔的价格高于这个平均售价！

在今年的IFA展上，全球最大的商业传媒集团——锐德商讯为海尔颁发了"全球冰箱领袖奖"。颁奖者承认，看到调查机构拿出的相关数据，他很吃惊："我第一次发现这么好的冰箱来自中国！"他的结论是："中国企业已经在正确的方向上了，但要让更多的消费者了解海尔，企业还要准备打一场爬坡战。"回想当年，正是从德国引进了一条冰箱生产线才解救了海尔的前身——青岛电冰箱总厂，如今，在"老师"的家门口，海尔能够得到这样的评价着实令人感慨！显然，在10多年中，海尔在成为世界大品牌的道路上前进了很多步！

（原载《人民日报·产经广场》2009.11.02，朱剑红文）

（二）顾客满意的涵义

"顾客满意"四个字看似简单，但为什么大多数顾客总有不同程度的不满意呢？除了服务行为上的原因之外，对顾客满意的涵义缺乏全面的理解，也是造成服务不满意的认识原因。

顾客满意的涵义包括以下几点：

1. 良好的服务态度是一个成功的、以顾客为中心的战略的重要组成部分。

2. 但其仅仅只是一个组成部分，便利、整洁、美化了的环境、优质的产品、良好的销售、有节奏的科学运作、高效的人力资源管理，都能达到使顾客满意的效果。

3. 顾客满意是顾客自身所感受的、并且发自内心的，而不是企业认定赋予的。

4. 要调动企业的全部资源去满足顾客，使其得到全方位的满意服务。

5. 服务满意不仅与服务人员的服务态度和服务能力有关，也和顾客自身有关。同样的服务，对一部分顾客是优质服务，对另一部分顾客可能是劣质服务。如以婚宴服务去对待丧宴，就适得其反。或在有的场合，对一部分顾客的优质服务是以牺牲另一部分客人的满意为代价的。如饭店总台为前一位老年女宾客提供热情周到的服务，但因费时较多，而招致了排在后面的商务客人的严重不满，等待时间太长，使他失去了从容整装的准备时间去参加业务洽谈。

6. 尽量创造条件让顾客参与，是减少因顾客要求差异性而造成不满意的有效手段。餐馆里顾客点菜，实际上就是一种参与。自助餐、超市，也是顾客参与带来了方便和火红。广东"烧鹅仔"餐饮打响京沪市场，用的是顾客推车当场选菜买菜送进厨房烹制的参与式手法。

7. 有时候，消费者并不清楚自己需要哪些具体服务。要为消费者创造良好的消费经历，预见消费者欲望和需求。这就要求做到：消费者想到的，服务人员早已想到，并早已做好准备；消费者没有想到的，服务人员也想到了；消费者应该想到而来不及想到的，服务人员能雪中送炭，解决问题。

8. 不管是对服务人员个人而言，还是对企业整体而言，顾客满意具有长期性、持久性、整体性的涵义，而不是针对某一位顾客、某一时期的顾客的。因此，是否搞"一锤子买卖"是衡量顾客满意的重要标志。企业拥有的老顾客越多，说明它的服务越令人满意。

9. 对服务的满意，从根本上说，不是服务本身，而是购买服务后给顾客带来的利益和价值，即服务的有效功能。

10. 在现代社会里，产品和服务已成为动态的组合，互相渗透，互为你我。因此，企业必须深入了解顾客的整体消费过程，尽力从整体上提高顾客感觉中的消费价值，使顾客满意地实现其消费目的。

11. 真正发生实质服务内容的，只是极有限的几个接触点。

例如，从购机票到乘机直至抵达目的地可能总共有三天时间，但这中间只有订票、取票、登机、送餐、取行李等可数的几次服务接触，每次只不过是几秒钟的时间，最多不过几分钟，但这些接触点却是决定服务的关键。

12. 服务是无形的。大量研究结果表明：对服务购买者来说，除自身经历之外，消费者的口头宣传比任何其他信息来源更加重要。正因为如此，已有体验的消费者的宣传，将对其他消费者造成先入为主的影响，从而使顾客在满意标准上带有强烈的主观倾向，这决定了企业的满意服务还必须迎合那些"主观标准"。

综上所述，可以说"顾客满意"的涵义极为丰富，要顾及这些方方面面，绝非易事。所涉及的问题，有观念上的，有技术上的，有能力上的，也有态度上的。总之，要解决这些问题，靠头疼医头、脚疼医脚的治标办法是不行的。唯有建立科学的企业服务质量体系，才是实现顾客满意的根本途径。

（三）某大酒店中餐服务程序

程　序	标　　准
一、确定客人预定并引领客人到位	1. 每餐开餐前，迎宾、服务人员按规定时间，指定地点按标准要求站立迎宾，要求站立得自然、得体，见到每一位经过身边的客人的问好方式为："×××亲人（家人），您吉祥（您好）。" 2. 客人到来餐厅后，领位员首先热情礼貌地向客人问好；领位员确定客人预定后，引领客人到位。引领客人时在客人左前方，与客人保持 1 至 1.5 米间的距离。 3. 领位员将客人引领到位后应与值台服务员做好交接后方可离开，若无服务员在场，应待客人站定后在座椅前时，将座椅轻轻送回原位，协助客人就座。
二、接挂衣帽	1. 如能明确主宾、副主宾，优先为主宾、副主宾接挂衣帽。 2. "接衣服要领"：将主宾、副主宾、主人的衣服按从前到后的顺序依次挂放在衣架上，有意识地做好记忆，方便客人走时正确递给。 3. 接挂衣帽时要小心轻放，注意美观并留意是否有客人的随身物品滑落，如有及时提醒。
三、拉椅让座	1. 优先为主宾、副主宾服务。如有老人、儿童，视情况提供椅垫或宝宝椅。 2. 拉椅时要注意语言和手势结合运用，"请坐"的手势动作要大方、自然。 3. 语言："张总，您请坐或您请"。
四、毛巾服务	1. 为客人准备的香巾必须是热香巾。 2. 客人落座后，第一时间为客人送上热香巾。 3. 从主宾客人右侧为客人提供第一道热香巾，并运用服务语言："对不起，打扰一下，请用热香巾。" 4. 若是冬天给客人提供的热香巾时，则要提醒客人"请用热香巾"。 5. 更换香巾的时机： 　1) 客人一入座，马上上热香巾； 　2) 凉热菜交替的时间； 　3) 上贝类食品的洗手茶之后； 　4) 菜品上齐之后； 　5) 上面条之前； 　6) 就餐完毕之后； 　7) 餐中随脏随换。

续表

程　序	标　准
五、菜单征询	每个房间准备40份菜单，带客人落座后，给每位客人人手一份，给客人打开菜单，再次征询客人有没有特殊要求，让客人有知情权。10分钟后收回菜单。
六、征询茶水	1. "先生（女士），请问您今天喜欢喝点什么茶水？我们这里有普洱茶、铁观音、龙井茶和碧螺春，还有茶艺表演。" 2. 在客人确定茶叶品种后，通知机动人员拿取茶叶（先洗茶再泡茶），同时，根据就餐人数拿取香巾。 3. 献茶时注意杯柄顺朝右边（左撇子除外），并用手势辅助，说："请或请慢用"。 4. 如果客人用菊花茶则要及时送上冰糖，放到转盘上，让客人自己添加，因为有的客人不吃糖。
七、增减餐位	1. 根据来客具体信息增减餐位。 2. 减餐位时一般撤主宾右侧或副主人右边的餐位，保证主宾位的宽松或方便上菜，增加餐位时，应避免从以上两个餐位增加。
八、通知起菜	1. 本房间值台服务员征询客人意见通知起凉菜。 2. 征询客人意见将干果盘和鲜果盘撤到旁边。 3. 餐后酒的服务：餐后酒主要是指餐后饮用的可帮助消化的酒类。
九、铺口布撤筷套	1. 铺口布时向宾客致歉"对不起，打扰一下"，如宾客自己操作，应向宾客致谢。 2. 服务员站立客人右侧为客人铺上口布，并按女士优先、先宾后主的原则，动作要轻柔，幅度不要太大，稍微侧身操作，右手在前、在上，左手在后、在下，口布的正面朝上将一角铺垫在骨碟底下，筷子撤下后，应整齐地放在筷架上，注意胳膊肘不要冲向客人。 3. 撤筷子套时，在客人身后操作，筷子从出口倒出，用右手拿筷子下端的1/3以下部分，使筷子低端平齐地放在客人筷子架上。
十、餐前酒	给客人推荐餐前酒和餐后酒。
十一、点酒水	1. 征询酒水：礼貌问主人征询酒水："请问我们今天需要白酒还是葡萄酒、啤酒？" 2. 推荐酒水：根据事先获得的预期酒水金额及就餐人员状况，为客人适当推荐，避免超出预期。未获得客人预期酒水消费金额时的推荐。

续表

程　序	标　准
十一、点酒水	如能明确酒水品牌，根据就餐人员状况，预期酒水金额等信息，推荐此品种的适当品种："×××领导，是不是还喝你喜欢×××酒？" 　　如不能明确酒水品牌时，先推荐适当的酒水品牌，待宾客确定后，再选择适当品种。 　　已获得客人预期酒水消费金额时的推荐：从中档酒类（价格100元左右）开始，按照从中到低再到高的价格顺序为客人推荐。 　　* 不允许硬性推荐特定品种的酒水。 　　3. 记录顾客所点酒水：及时、准确地记录好酒水、香烟的品种、数量等。并同时询问酒水有无特殊要求（如加热、冰镇等）、是否需要火机等。 　　4. 确认酒水：复述酒水单，再次请宾客确认："先生（小姐），咱点的酒水是……，香烟是……，其中……（客人特殊要求），对吗？" 　　* 如客人需要做调整，必须详细记录。 　　5. 拿取酒水：确认无误后，迅速到吧台取拿酒水；为客人取拿酒水的时间不得超过5分钟。 　　6. 验证酒水并开启酒水：取回酒水清点酒水客人确认。同种酒水只需验证一次就可以。 　　7. 实行客人品酒制度，首先向客人推销及建议本店啤酒，不超过5分钟（啤酒也要介绍酒的产地、年份、味道、出厂日期、麦芽度、酒精度）。
十二、上粥果盘	如酒店提供免费粥品和餐前小吃或果盘，可以按此程序向客人介绍酒店赠送的粥或餐前小吃："这是我们为您准备的粥和餐前小咸菜，因为空腹喝酒对身体不好，我现在为您分一下，您趁热用。"
十三、上凉菜	1. 上菜的位置应该在三宾的右侧。 　　2. 按照上菜要求，将凉菜上桌，注意台面摆放美观（色泽搭配、荤素搭配、器皿搭配）。 　　3. 如果客人还没有到齐，而主人要求冷菜先上，应征询客人的意见先关闭空调，避免菜风干，影响出品口味。
十四、斟酒	按照斟酒的操作规程，为客人斟倒酒水。

续表

程　序	标　准
十五、开场白	站于副主人身后适当位置，致开场白。（视情况而定） 1. 国宴厅开场白：尊敬的各位领导你们好，欢迎光临美利华御膳金阁国宴厅。我是今天为您服务的××，这几位是我的搭档：××，××，××。在这里您可以体验到国宾级的享受，品尝到开国第一宴、老布什访华宴、克林顿访华宴、香港、澳门回归宴及奥运会开幕宴，橄榄油和茶籽油烹制的菜品更能让您吃出营养、吃出健康、吃出文化。您的满意是我们的追求，您的健康是我们的目标。希望您多提宝贵意见，祝您就餐愉快，谢谢。 2. 满汉全席开场白：诸位吉祥，欢迎来到美利华御膳金阁满汉堂。我是今天为您服务的××，他们是我的搭档：××、××、××。在威海我们是首家推出满汉全席的酒店，满汉全席是我国清朝皇族一种具有浓郁民族特色的巨型宴席，全席共计108道，其中南菜54道，北菜54道，分3天吃完。全席食毕，可使您领略中华烹饪的博大精深，饮食文化之渊源，尽享万物之灵之至尊。望诸位多提宝贵意见，祝您就餐愉快，谢谢。 3. 水晶龙庭开场白：尊敬的各位领导你们好，欢迎光临美利华御膳金阁水晶龙庭。我是今天为您服务的××，这几位是我的搭档：××，××，××。龙图腾历来是尊贵和财富的象征，来到水晶龙庭，让你感受中国龙的气息，品尝无上佳肴，用橄榄油和茶籽油烹制的菜品更能让您吃出营养、吃出健康、吃出文化。您的满意是我们的追求，您的健康是我们的目标。希望您多提宝贵意见，祝您就餐愉快，谢谢。 4. 注：根据当时情况待定如何沟通。
十六、菜品介绍	1. 高档海鲜菜品上桌后，服务员将菜品转至主宾位，征求主人意见进行分餐服务，同时，进行菜品介绍："××，这是××（主人）特意为您安排的×（菜品），（每道菜为客人报菜名、主料、配料、制作方法、味道与功效）请您品尝！" 2. 给主宾分餐完毕，将菜品转至副主宾为其分餐。 3. 介绍特色菜时语言要精练，要将此菜的特点告诉客人。
十七、上菜	1. 整个餐中服务的过程中，服务员所有的服务必须使用托盘。 2. 待主人敬酒完毕后，再上菜，不要打扰客人。 3. 遵循"优先上菜且高档菜优先"的原则上菜。菜传至房间后，除正在为主宾、副主宾服务外，应向客人致歉。停止正在进行的服务，优先上菜。"对不起，我先给您上菜，凉了影响口味"。

续表

程　序	标　准
十七、上菜	4.1) 菜品时间要求：凉菜5分钟上第一道，15分钟之内上齐； 热菜15分钟上第一道，45分钟之内上齐； 面食15分钟上桌，稀饭小咸菜10分钟之内上桌。 2) 催菜要求：凉菜10分钟未上齐要进行催菜； 热菜30分钟未上齐要进行催菜。 5. 上菜之前有意识的检查一下菜内是否有杂物。多把一道关就降低一分投诉的概率。 6. 中途如客人要求停菜，千万不可忘记再重新起菜。 7. 上菜一定要轻，将碗碟重重地放在客人的面前是不尊重客人的行为，如不小心发生类似这样的情况，要向客人致歉。 8. 上菜时手不能接触到餐具内壁，确保卫生。 9. 上菜时要注意菜盘的位置，既要方便客人用餐，又要避免影响到客人用餐空间。 10. 上菜时，要把菜轻轻放到转盘上，然后转到主陪与主宾中间，报菜名及佐料名时声音要清晰、适度并同时用手示意。 11. 所有的菜若有调料，应先上调料再上菜，调料碟上在主盘的右下角，上调料时，一碟一碟上，禁止两手同时操作。 12. 上用手捻食的菜时，要及时上洗手水并告知客人是洗手茶，避免客人当茶叶水喝。 13. 上到有主花或有头的菜，应将主花和头正对主宾。 14. 上汤羹时与客人打好招呼："各位请稍等，我马上为您们分一下。" 15. 上到炖盅时，将盖反揭开，拿到托盘里面，再将小调羹放入器皿中。 16. 上到蟹子时，需要给客人增加一个骨碟，待客人用完后，随即上姜茶给客人暖胃。 17. 上到蒸的鱼时，上台后先报菜名，然后征询客人意见把清蒸鱼剔骨，再根据情况主动给客人分餐。 18. 上到操作时会产生较多热气和蒸汽的菜，要提醒客人避让一下。 19. 上到最后一道菜时告诉客人："您的菜已经上齐了，请问需要提前为您准备什么主食？" 20. 上菜时注意菜品颜色、器皿，荤素搭配等。 21. 保温菜在接手台上点着火再上。

续表

程　　序	标　　准
十八、锅巴菜的服务	锅巴菜的服务，主要是一个观赏的过程。 1. 锅巴汁与锅巴到接手台一分钟上桌。 2. 服务员用托盘将锅巴汁与锅巴理好，服务员向客人报——为您提供锅巴食品服务。 汁淋入锅巴会发出很响很美妙的声音并有大量热气升腾。 3. 将汁淋在锅巴上右手将汁碗顺时针转一下，避免汁滴在桌上，同给客人以美的享受。
十九、客人用餐过程中的服务	1. 注意观察，尽量做到超前服务。 注意客人（尤其是主人）的眼神、表情及动作，尽量在宾客提出服务要求前能正确判断，并及时提供服务。基本服务程序是斟茶酒第一、先理台再上菜，先换餐具再上菜。 ＊"您好，请问有什么可以为您服务吗？" 2. 积极引见，主动与顾客交流。 如主管等领导进房间巡台时，服务员视情况向客人引见："这是我们主管，特意过来为您服务。" 3. 注意事项 1) 餐中如客人对酒店提出表扬或致谢时，必须立即予以回复："谢谢，让您满意是我们最大的心愿。" 2) 餐中巡视时，必须手持托盘（内置茶壶、酒瓶等）。以便随时提供服务。 3) 宴会服务员应尽可能减少离开房间的时间，如为客人拿取物品或进行其它服务需离开时，应向副主人说明，征得同意后方可离开。 ＊"对不起，我去……马上就回来。" 4) 餐中如客人加菜，点要酒水或其他物品，必须先征得主人（副主人）同意。走到主人（副主人）身后，小声征求意见。 ＊"您的客人点了……我现在给您拿吗？" 5) 下列情况需要更换餐具： （1）随时观察台面菜品的用量，当菜量过半，服务人员应及时转换余下的菜。 （2）当上凉菜时更换一次骨碟。 （3）当凉菜与热菜交替时换一次骨碟。 （4）热菜需要分餐的，每一道菜品都需更换骨碟。

续表

程　序	标　准
	（5）客人有意更换时为客人马上更换骨碟。 （6）骨碟内有类似烟灰、汤汁、牙签、纸屑等杂物。 （7）贝壳类、虾类或骨刺较多的菜，每菜必须换骨碟。 （8）烟缸内超过1枚烟头马上更换骨碟。 （9）烟缸内有杂物、菜肴或汤水时马上更换骨碟。 （10）汤碗中用过味道较浓的食物时马上更换骨碟。 （11）用咸、甜品的汤碗必须分开。 （12）调羹随汤碗一起更换。 （13）客人换另一种酒水时必须更换杯子。 （14）客人用筷子挑比较腥气的食物，等客人用完后，要给客人换一双筷子。 （15）凡是掉在地上的餐具要及时更换。 （16）洗手水脏了要及时更换。 6）更换餐具时的要求： （1）更换餐具时注意轻拿轻放，更换前先要与客人打好招呼："先生/小姐，打扰一下。"先撤走脏餐具，再换上干净的。 （2）换餐具时，若餐具中留有未用完的食物，可先在旁边放一干净的餐具，再用客人的筷子（注意尽量握在筷子的尾部）把菜夹到干净的餐具中，撤走脏餐具，新餐具复位。 （3）换餐具时如客人正在食用，则可先在旁边放一干净的餐具，继续服务下一位客人，等客人用完后及时撤下脏餐具。 （4）换烟缸时，应将新的烟缸压在脏的上面，顺桌面平行挪出，放在托盘里后，再将新的烟缸放回桌上，并注意卡口顺向客人。 7）为客人服务食品时，客人右侧将食品放在餐桌上，并为客人报出菜名。 8）随时观察客人台面，为客人添酒和饮料。 9）随时撤空盘、空碗，并每两道菜为客人换一次餐盘。 10）如客人用餐过程中去洗手间，口布叠成三角形放在骨碟左侧，服务员应搬开座椅，待客人返回时，再协助客人搬开座椅，帮助客人入座。

续表

程　序	标　　准
二十、为左手用餐的客人服务	1. 安排座位： 1) 关照客人就座位置； 2) 若是方桌请客人坐在左边没有客人的位置上，若是圆桌尽量使客人左侧半米内无客人落座。 2. 为左手用餐的客人服务时，服务员用右手端托盘，左手服务。 3. 摆放餐具：服务员用托盘站在客人右侧，将客人餐盘右侧的筷架、勺、筷子撤到托盘上，然后转站在客人左侧，用右手将筷架、勺、筷子摆放在客人餐盘的左侧。 4. 服务饮料时，将饮料放到客人左手易拿到的位置，即放在筷架的正前方，站立于客人左侧为客人服务饮料。 5. 为客人服务食品及小吃时，将食品从客人左侧用右手放在餐盘上，将小吃放在客人的左侧。
＊二十一、香烟服务（本条随着公共场合禁烟而将被取消）	1. 准备工作：(1) 客人订香烟后，开订单取烟；(2) 准备一个托盘和一张圆形花纸；(3) 打开香烟：烟盒上端打开，取掉锡纸上端横向部分的1/3，然后左手持香烟盒，右手轻敲香烟盒底部一侧，使香烟自动滑出5只，并保持1、2、3不等长度；(4) 将准备好的圆形花纸垫在餐盘内，将打火机店徽向上，斜放在托盘边缘上，将香烟上端放在打火机上，下端放在托盘中，使香烟呈30度坡面。 2. 香烟的服务： (1) 从客人订烟到为客人提供香烟服务不超过5分钟； (2) 将准备好的香烟用托盘送到客人桌前，放在客人的餐具右侧间距1—2厘米； (3) 为客人点烟：①注意到客人要抽烟时，立即上前站在客人右侧为客人点烟，点烟时火焰要向着自己，火焰稳定后再为客人点烟，注意距离；②在吸烟的客人面前放一个烟缸。
二十二、茅台酒的服务	1. 准备一块叠成12厘米见方的干净口布。 2. 酒的展示：左手掌心放叠成12厘米见方的口布，将茅台酒瓶底放在口布上，右手扶住酒瓶上端，并呈45度倾斜，商标向上为客人展示茅台酒。 3. 酒的服务：

续表

程　序	标　准
	1) 征得客人同意,在客人面前打开茅台酒; 2) 服务时,左手持方型口布,右手持茅台酒,按先宾后主、女士优先原则从客人右侧依次为客人倒酒; 3) 倒入酒杯的 4/5 即可; 4) 倒完一杯时,轻轻转动瓶口,再用左手中的口布擦拭一下瓶口。 4. 酒的添加: 1) 随时为客人加酒; 2) 当整瓶酒将要倒完时,询问客人是否再加一瓶,如客人同意再加一瓶,服务程序与标注与上同; 3) 如果客人不再加酒,及时将空的酒杯撤掉。
二十三、白葡萄酒的服务	1. 准备工作: 1) 客人订完酒后,立即去酒吧取酒,不得超过5分钟; 2) 将冰桶中放入 1/3 冰块,再放入 1/2 冰桶的水后,放在冰桶架上,并配一条叠成8厘米宽的条状口布; 3) 白葡萄酒取回后,放入冰桶中,商标向上; 4) 在客人的水杯右侧摆放白葡萄酒杯,间距1厘米。 2. 白葡萄酒的展示: 1) 将准备好的冰桶架、冰桶、酒、口布条、一个小酱油碟一次拿到主人座位的右侧,将小酱油碟放在主人餐具的右侧; 2) 左手持口布,右手持葡萄酒,将酒瓶底部放在条状口布的中间部位,再将条状口布两端拉起至酒瓶商标以上部位,并使商标全部露出; 3) 右手持用口布包好的酒,用左手四个指尖轻托住酒瓶底部,送至主人面前,请主人看清酒的商标。 3. 白葡萄酒的开启: 1) 得到客人允许后,将酒放回冰桶中,左手扶住酒瓶,右手用开酒刀割开铅封,并用一块干净的口布将瓶口擦干净; 2) 将酒钻垂直钻入木塞,注意不要旋转酒瓶,待酒钻完全钻入木塞后,轻轻拔出木塞,木塞出瓶时不应有声音; 3) 将木塞放入小酱油碟中,放在主人白葡萄酒杯的右侧,间距1-2厘米。 4. 白葡萄酒的服务:

续表

程　序	标　准
	1) 服务员右手持用条状口布包好的酒，商标朝向客人，从主人右侧倒入主人杯中 1/5 的白葡萄酒，请主人品评酒质； 2) 主人认可后，按照先宾后主、女士优先的原则依次为客人倒酒，倒酒是站在客人的右侧，倒入杯中 2/3 即可； 3) 每倒完一杯酒就轻轻转动一下酒瓶，避免酒滴在桌布上； 4) 倒完酒后，把白葡萄酒放回冰桶，且商标向上。 5. 白葡萄酒的添加： 1) 随时为客人添加白葡萄酒； 2) 当整瓶酒将要倒完时，要询问主人是否再添加一瓶，如主人不再添加，即观察客人，待其喝完酒后，立即将空杯撤走； 3) 如主人同意再加一瓶，服务程序与标准与上同。
二十四、红葡萄酒的服务	1. 准备工作： 1) 客人订完酒后，立即去酒吧取酒，不得超过五分钟； 2) 准备好红酒篮，将一块干净的口布铺在红酒篮中； 3) 将取回的葡萄酒放在酒蓝中，商标向上； 4) 在客人的水杯右侧摆放红酒杯，如客人同时订白葡萄酒，酒杯摆放按水杯、红酒杯、白酒杯次序摆放，间距均为 1 厘米。 2. 红葡萄酒的展示： 1) 服务员右手拿起装有红酒的酒篮，走到主人座位的右侧，另拿一小酱油碟放在主人餐具的右侧； 2) 服务员右手拿酒篮上端，左手轻托住酒篮的底部，呈 45 度倾斜，商标向上，请主人看清酒的商标，并询问客人。 3. 红葡萄酒的开启： 1) 将红酒立于酒篮中，左手扶住酒瓶，右手用开酒刀割开铅封，并用一块干净的口布将瓶口擦净； 2) 将酒钻垂直钻入木塞，注意不要旋转酒瓶，待酒钻完全钻入木塞后，轻轻拔出木塞，木塞出瓶时不应有声音； 3) 将木塞放入小酱油碟中，放在主人红葡萄酒杯的右侧，间距 1—2 厘米。 4. 红葡萄酒的服务：

续表

程　序	标　准
	1）服务员将打开的红葡萄酒放回酒篮，商标向上，同时用右手拿取酒篮，从主人右侧倒入主人杯中 1/5 红葡萄酒，请主人品评酒质； 2）主人认可后，开始按先宾后主、女士优先的原则，依次为客人倒酒，倒酒时站在客人的右侧，倒入杯中 3/5 即可； 3）每倒完一杯酒要轻轻转动一下酒篮，避免酒滴在桌布上； 4）倒完酒后，把酒篮放在主人餐具的右侧，注意不能将瓶口对着客人。 5. 红葡萄酒的添加： 1）随时为客人添加红葡萄酒； 2）当整瓶酒将要倒完时，询问客人是否再添加一瓶，如果客人不再加酒，即观察客人，待其喝完后，立即撤掉空杯； 3）如果主人同意再加一瓶，服务程序与标准与上同。
二十五、香槟酒的服务	关于香槟的开启： 1. 香槟酒的饮用温度应在 10 度左右，温度过高或偏低都会影响品质； 2. 开瓶前应该将香槟杯排列整齐，以便尽快完成斟酒任务，减少损失； 3. 开瓶时酒瓶应向无客人方向略微倾斜，不可强烈摇动酒瓶； 4. 左手拇指轻轻压瓶塞，右手拇指轻轻向上顶推瓶塞，此时瓶内气体将塞慢慢退出，以右手握住往上升起的瓶塞，顺势拔出，在餐厅中应尽量避免发出声响； 5. 双手握瓶向杯中斟酒，因香槟酒包含气体，所以斟倒酒时应两次完成，第一次倒 1/3 杯，第二次将杯中酒续至 2/3 杯即可。
二十六、理台服务	1. 台上若有掉落的菜、杂物或油迹，应及时用餐巾纸擦拭、或者用垃圾夹把菜和杂物夹走，随时保持餐台的整洁。 2. 合理布置台上的每一道菜，要求重心稳定，距离匀称，菜盘不可超过转台边缘。 3. 席间若客人在台布上碰翻佐料、酒水或汤汁，要迅速擦拭干净并用干净口布叠好盖上脏的部分。 4. 撤盘时应征求主人的意见，剩菜较多，应另用盘子装好重新奉上，绝不可以将几种不同的菜合并在一起。主宾喜欢的菜把它分给主宾，以示重视。 5. 撤盘时应将不需要的调料一起撤下。 6. 理台时应拿起餐具，不应在转台上推动。

续表

程　序	标　准
	7. 主宾若有特别喜爱的菜，可以将此菜有意地放（转）到他的面前。 8. 清洁客人桌面，最后一道菜服务完后，清洁客人桌面，餐桌仅留下酒杯和饮料杯，用餐过程中桌面上不能出现空盘、空碗、空酒杯、托盘。在客人身后服务，桌上的污迹立即放一块干净的口布盖上。 分餐服务： 1. 分菜次序：主宾优先、主人其后，上级优先、下级其后，长者优先、幼者其后，女士优先、男士其后，并按顺时针方向依次分菜。 2. 分菜用具：汤类用汤勺、去鱼骨用刀叉，不带汤的叉勺，分面食用筷子和汤勺，分到带少量汤汁的菜时应辅助于骨碟，避免汤汁到处滴落，分菜用具要经常清洗，带汤汁的菜分在汤碗里，不带汤汁的菜分在骨碟里。 3. 对于易冷或糊的菜要先分，对于价格贵的菜要先分，对于特色菜要先分。 4. 分菜时征求客人的意见，分菜时注意礼貌用语。 5. 分菜时要掌握好数量，整体分量要均匀，分完后应剩下一定的数量已示宽裕。（鱼类把好的部位分给主宾，给足主人的面子。） 6. 分菜时注意主料、辅料的搭配均匀。 7. 分到只数的菜，给客人的数量，征询客意，避免分4个，以免客人忌讳。 8. 分到有咸甜之分或馅心不同或不同调料的菜之前，应先征询客人的喜好。 9. 分水果用水果叉，注意手不要碰到水果。（葡萄根蒂留一点） 汤汁撒落及餐具破损时的处理： 1. 如责任在于服务员时，视情况通知主管或经理，征求客人意见后作出处理。 2. 如责任在于客人时的处理办法：先问客人要不要紧，然后立刻收拾。如酒撒到客人身上，第一时间真诚道歉，用湿巾擦拭，做出相应赔偿。如属宾客原因造成餐具破损，结账前应礼貌告知结账宾客酒店有关赔偿规定，同时在酒水单上作记录。打破物品先保留，经付账客人看一下。告知破损赔偿时，必须回避其他客人，要注意语言的语气语调。
二十七、点主食，推销并服务甜食	1. 征询主食菜上齐后，询问副主人是否需要提前准备主食。"咱们的菜已经上齐了，什么时候需要准备主食，请您提前通知我，我们的主食是现加工的，需要时间长一点。"

续表

程 序	标 准
	2. 点主食： 1) 向宾客介绍主食，询问是否有忌口。向宾客介绍酒店备有的主食以供选择。对加工时间较长的主食应告知客人等待的时间。 2) 询问宾客有无特殊要求。如宾客对主食有特殊要求，及时与厨房联系后答复宾客是否能满足其要求。 3. 为客人推荐甜食或餐后酒。 4. 客人订主食、甜食、水果或餐后酒后，将定单送厨房，并10分钟内为客人提供甜食服务。
二十八、正餐后甜食的服务拔丝类食品的服务	拔丝类食品的服务——主要是一个展示的过程。 1. 为客人订单： 1) 介绍菜的特点和特殊服务方法； 2) 告诉客人要等待的时间。 2. 准备工作： 1) 准备和人数符合的餐盘及筷子； 2) 用大汤碗盛入 2/3 冰水，并配垫盘； 3) 将冰水放在主人右前方，摆上一餐盘，盘上放两把勺子。 3. 提供拔丝食品： 1) 菜品到接手台一分钟之内放到桌子正中间； 2) 服务员用右手持两把勺子，夹起一块拔丝（苹果），有意拔离桌面30厘米处，以便请客人观赏拔出来的糖丝； 3) 把拔丝苹果放入冷水中使其冷却； 4) 取出冰水中的拔丝苹果，依次从客人右侧放入客人的餐盘中； 5) 拔丝菜的服务过程是一个展示过程，在整个服务过程中，需保持优美的动作并介绍此菜品的特点。
二十九、餐后酒	餐后酒主要是指餐后饮用的可帮助消化的酒类。
三十、为客人清洁桌面	1. 客人用餐完毕后，应及时上茶，同时收空酒杯。 2. 如客人暂时没有离开的现象，可征询客人的意见再收台面餐具，站在客人右侧手持托盘，收餐具时先收转台上的餐具，再从主宾位开始一一收下，尽量一次性收完，避免重复打扰客人。收餐具的语言："××打扰一下，餐具可以收一下吗？这样会让您感觉比较舒服一些。"

续表

程 序	标 准
三十一、征询客人意见	1. 服务员从客人右侧为客人服务第二道热香巾。 2. 领班在不打扰客人谈话的前提下，主动走到主人右侧，礼貌地询问主人对本餐厅的服务和食品质量是否满意。如客人提出了一些建议，领班应认真记录，并真诚地感谢客人的建议，同时告诉客人餐厅将考虑客人的建议。
三十二、打包	1. 就餐完毕，主动征得并鼓励客人打包，征询时，说话声音要轻。根据情况打包。 2. 根据宾客要求和菜品的不同打包。备注：根据情况打包，如打包应征询副主陪，应提醒客人菜的名称以及是否需要加热或冷藏，不同的菜放不同的盒，以免串口味。 3. 剩余食品为客人包装带走，撤回服务桌用保鲜纸、食品盒、红丝绸带、带店徽的塑料袋（分类包装，请客人观看），打好蝴蝶结，尾部剪成燕尾状，将食品盒放入食品袋递给客人。 4. 外来打包顾客根据实际情况准备公筷、餐巾纸、牙签。在每个打包盒上工整地写上打包的菜名。
三十三、处理酒水	主动征询。 1. 如酒水未开封，客人就餐完毕，征问客人意见，将未开封的酒及时退回吧台。 2. 如白酒已开封，提醒客人带走或寄存。
三十四、结账并感谢客人	1. 在餐位结账的操作程序：与吧台人员共同核对账单。当宾客要求结账时，迅速到吧台拿取账单，同吧台人员共同核对无误后签字确认。 2. 请客人核对账单将单据放于收银夹内，递给买单宾客。"这是您的账单，请过目，一共是_____元。"如宾客有异议，耐心向宾客解释账单。 3. 询问宾客结算方式："先生/小姐，请问咱用什么方式结算？" 1）现金结算：做到唱收唱付，并在接受过程中注意辨别钱币的真伪。"收您_____元，找您_____元。" 2）支票结算：如客人用支票结算时，应礼貌请其至吧台结账。 3）信用卡结算：如客人用信用卡结算，应带客人到收银台结账。若客人让服务员结账，则： （1）将宾客身份证和信用卡放入收银夹到吧台为宾客结算。 （2）持信用卡账单请宾客签字后，将顾客联、身份证和信用卡交与宾客，其余交吧台。

续表

程 序	标 准
	4) 其他结算方式：其他结算方式按公司有关规定执行。如无规定可循，应立即请示部门经理处理。 到吧台结账的操作程序： （1）引领宾客到吧台，通知收银员为宾客结账。 （2）协助收银员《收银结算服务流程》及时为宾客结账：询问结账客人是否需要提前叫出租车。当客人要求结账时，服务员应检查账单，将账单夹在结账夹内，从客人右侧把账单递给客人，请客人结账。 4. 开具发票： （1）如客人要求开发票，应根据客人消费金额，为其开具。 （2）发票的项目：餐费。 客人结账时，服务员将客人送出餐厅，并感谢客人，表示欢迎客人再次光临。
三十五、送客	1. 席间送客： 1）就餐期间如有宾客离开，应礼貌相送，并提醒客人带好随身物品。 2）宴会服务员将宾客送到房间门口，并为其开门，重要的客人要送到门口目送远去。 3）走在客人后方一米左右送客人。 4）当客人有想走的举动时，提醒客人是否有无遗留物品，提醒客人穿好衣服，并环视房间有无遗留物品及未熄灭的烟头。 5）帮客人拉开车门并护顶提醒客人系好安全带，祝客人"一路平安"并关上车门，挥手告别，目送客人远去，第一时间填写客走时间表。 2. 零点大厅服务员在餐位与宾客告别。"喝酒不开车，开车不喝酒""请走好，欢迎再次光临""欢迎以后常来，期待下次为您服务""路上开车小心""把衣服扣好，小心着凉""今天下雪了，您路上慢点""李总慢点，欢迎您以后光临我们店"……
三十六、餐后清理	1. 检查房间、关灯：回到房间后，检查房间是否有宾客遗留物品，如有及时交给宾客或主管处，检查后保持最低照明并关闭其他电器。 2. 通知看台保持台面的状况，按要求通知厨房划菜台，待看台结束后进行清理。

以上服务程序是星级宾馆的宴会服务程序，若是大众化餐饮则应根据实际状况制定简便可行的服务程序，一定不要生搬硬套。

（四）香港回归宴（香港地区）

巧手冷围碟：
- 五香豆腐丁
- 虾皮拌菠菜
- 巧手老板鱼
- 老醋花生

热菜：
- 拳头菜
- 拌山参
- 剁椒山鸡蛋
- 糟香海瓜子
- 庆贺红金猪（乳猪，三味碟，口味外焦里嫩）
- 祝捷繁荣虾（鱼胶、大虾，口味咸鲜）
- 九州齐兴旺（腩肉、水鸭，口味酱香）
- 七彩开屏雀（七彩料、孔雀，口味浓香）
- 香港玉环翅（玉环鱼翅，口味浓香）
- 港湾蚝皇鲍（玉环鱼翅、鲍鱼，口味酱香）
- 回乡锦绣丁（西芹、虾仁、西兰花、墨鱼、海鲜肉，口味咸鲜）
- 归掌日月新（鹅掌、虾仁、西兰花、海螺、海参，口味咸鲜）
- 祖荫大地生（菜胆、虾仁、海鲜肉，口味咸鲜）
- 国富家有余（油泼牙片鱼，口味咸鲜）

面点：
- 千层饼
- 海鲜炒饭
- 养生粗粮、玉米、花生、地瓜
- 三鲜水饺
- 友谊伊面

水果：
- 西瓜
- 葡萄
- 小西红柿
- 金橘
- 拼盘

（五）澳门回归宴（澳门地区）

巧手冷围碟：
- 五香豆腐丁　拌拳头菜
- 虾皮拌菠菜　拌山参
- 巧手老板鱼　剁椒山鸡蛋
- 老醋花生　糟香海瓜子

热菜：
- 热情团体金猪（大红乳猪全体，口味：外焦里嫩）
- 烈焰上汤龙虾（上汤焗龙虾，口味：咸鲜）
- 庆歌坐辉展翅（竹笙鸡炖翅，口味：浓香）
- 祝尚红喜凤盛（越南叶子鸡，口味：咸鲜）
- 澳濠江畔玉鲍（玉环鲍鱼，口味：咸鲜）
- 门庭鸳鸯鸽双（碧绿鸳鸯双鸽，口味：咸鲜）
- 回乡奋大斑（清蒸青鳗鱼，口味：咸鲜）
- 归元锦绣翡翠（菜胆香菇，口味：酱香）
- 祖荫锦绣饭银（锦绣炒饭，口味：咸鲜）
- 国富家强长寿（干烧伊面，口味：咸鲜）

面点：
- 一国两制点心意　三鲜水饺
- 养生粗粮、玉米、花生、地瓜　鸡丝面
- 千层饼

水果：
- 无花果　开心果　杏仁　白瓜子
- 葡萄　金橘　拼盘
- 西瓜

思考题

一、如何理解酒店的三大使命？

二、简述"顾客满意高于一切"的含义。

三、简述打造酒店坚强团队的重要性。

四、餐品为什么是酒店的核心竞争力之一？

五、简述服务注重细节对顾客的重要性。

六、如何理解服务业首先是服务员工？

七、严格的检查、控制与监督制度落实在何处？

第三篇　酒店提供给顾客的食品应该是安全的、营养的、有利健康的

第一章　人的健康诸因素

一、迎接百岁时代的来临

现代科学已从理论和实践两方面证实，100－120 岁是大自然赋予人类的自然寿命。人类的平均预期寿命到 2020 年将达到百岁，预示人类社会正在向百岁时代迈进。

1. 一个歌谣：

六十老人比较小，七十老人满街跑，八十老人不算老，九十老人随便找，百岁老人精神得不得了。

2. 计算两个年龄

① 彭祖彭铿到底活了多大岁数？

彭祖，姓筏名铿，善调雉羹以事帝尧。尧封为彭祖，大彭氏国。

当时说活了 888 岁（当时是 60 天是一年，在彭山一带小花甲计岁法）。

$888 \times 60 \div 365 = 146$ 岁　活到 140 多岁。

② "人活七十古来稀"是唐朝杜甫说的话。按当今人的平均寿命计算，应该是活到多少？

$70 \div 38.5 \times 73 = 132.7$ 岁

今天人活到 132.7 岁，仅相当于唐朝时的人活到 70 岁。

唐朝人的平均寿命仅 38.5 岁，今天中国人的平均寿命已达 73 岁。

3. 世界卫生组织重新划分了中老年的年龄标准（人的最高寿命应有 100－175 岁）

45 岁以下都叫年轻人。

45－60 岁叫中年人。

60－80 岁叫年轻的老年人。

90 岁以上才叫老年人。

现在的口号是：不活 90 多，就是自己的错。

二、要健康，生活方式是关键

1. 世界卫生组织指出："人的健康长寿，15％取决于遗传；10％取决于社会条件；7％取决于自然环境；8％取决于医疗条件；而 60％取决于生活方式。"

生活方式，包括衣食住行、生活习惯、行为嗜好和思想方法等等。也就是说，占 32％的因素是个人无法控制的，而 68％的因素是个人可以控制的，个人素质占了 2/3。

人类健康诸因素图示如下：

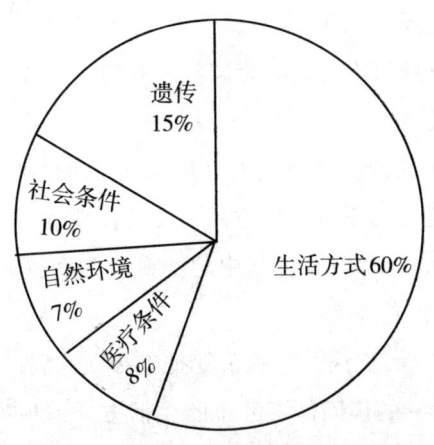

2. 世界卫生组织对健康下的定义：(1999 年)

健康四大基石：良好的心态、适量的运动、戒烟限酒、均衡的营养。即生理上、心理上、与社会上的整体均衡健全状态——精神保健、体育保健、工作保健、饮食保健。

健康四大基石的定义，又叫四维健康新概念。四维健康概念，由过去单一的没有生病或体质健壮的生理健康（一维）、生理和心理健康（二维），到生理、心理和社会良好（三维）发展而来，加入了道德健康的成分，愈发健全与完善。健康是一种身心和谐、完好的生活状态。按照健康四大基石执行，就可以使高血压减少55％，脑卒、冠心病减少75％，糖尿病减少50％，肿瘤减少30％，使人的平均寿命延长10年以上。

3. 世界卫生组织早就提出了衡量健康的十大标准

① 精力充沛、能从容不迫地应付日常生活和工作的压力而不感到过分紧张。

② 处事乐观、态度积极，乐于承担责任，事无巨细不挑剔。

③ 善于休息、睡眠良好。

④ 应变能力强，能适应环境的各种变化。

⑤ 能够抵抗一般性感冒和传染病。

⑥ 体重得当、身材均匀，站立时头、肩、臂位置协调。

⑦ 眼睛明亮、反应敏锐、眼睑不发炎。

⑧ 牙齿清洁、无空洞、无痛感，齿龈颜色正常、不出血。

⑨ 头发有光泽，无头屑。

⑩ 肌肉、皮肤富有弹性，走路轻松有力。

4. 生活方式

一个人20年前的生活方式决定其20年后的身体状况。未来10年全球将有3.88亿人死于因不良生活方式引发的慢性病。生活方式病是指人们由于在衣、食、住、行等日常生活中的不良行为及社会、经济等方面的不良因素导致的躯体或心理疾病。

危害健康的三大疾病，第一个就是生活方式病。

现代社会60％的病因是不健康的生活方式造成的。吸一支烟，少活7分钟，一生吸烟厉害，减寿20—25年。喝醉一次白酒，等于得一次急性肝炎，一生酗酒，减寿17年。一个晚上熬夜免疫功能降低28％，常年睡眠不足,"过劳死"的下场。夫妻经常吵架,男的短寿12年,女的短寿5年。肥胖病、糖尿病、高血压、心脑血管病、癌症等都是生活方式病。高血压、高血脂症、糖尿病、冠心病、胆石症和胆囊炎,被称为"肥胖五联症",也叫"姐妹病"。

① 饭后的不良生活方式:

  a. 吃水果 b. 饮浓茶 c. 吸烟 d. 洗澡

  e. 放松裤带 f. 散步 g. 唱卡拉OK h. 开车

什么"饭后百步走,活到九十九"、"饱洗澡、饿剃头"、"饭后一支烟赛过活神仙"等都是错误的。

吃过饭立即吸烟,危害性是平时吸烟危害的十倍。

劝君歌:

劝君保健谓无钱,有也无;

病到临头用万千,无也有;

若要与君谈养生,空也忙;

无常召见命归天,忙也空。

每年因营养不良带来经济损失达5000亿元。

② 健康长寿十五个"一"(每日):

  a. 一个鸡蛋

  b. 一暖瓶开水

  c. 一盅醋

  d. 一小勺香油

  e. 一个洋葱

  f. 一个茄子

  g. 一段鱼

  h. 一个西红柿

  i. 一碗紫菜汤

  j. 一杯牛奶

  k. 一个苹果

  l. 一袋茶

  m. 一公里步行

n. 一个良好的生活规律

o. 一个好的心情

③ 好的生活方式

身体健康——每天坚持万步走（活动半小时以上）

　　　　——戒烟限酒

饮食方面——

a. 节食杂食。

b. 早餐像国王（形容食物丰厚），午餐像绅士（形容食物质量好），晚餐像乞丐（形容食物极简单）。

c. 每餐吃法，每人一日需要的能量，一般应按早中晚餐30%、40%、30%比例分配。

心情方面——怨恨是想出来的，痛苦是比出来的。

做人知足——知足、知量、知和、知贵、知仁、知让、知宽、知力、知爱、知生命第一。特别是生活上要知足，心胸宽阔，对人宽容。

做事知不足——自己管理自己，自己爱护自己，自己安慰自己，自己把握自己，自己善待自己，自己保重自己，自己点化自己，自己改变自己，自己宽容自己，自己拯救自己。

一分为二，勇于承认不足，终身学习、不停充电。

工作上、事业上不知足——自信，只当老大，敬业，团队。

用法国作家雨果的话说："世界上最大的是海洋，比海洋大的是天空，比天空大的是胸怀。"心宽体健推衰老。活人要活气血、气色、气力、气氛、气量、气度、气息、气魄、气概、气势。

抗衰老"十不"妙计：肚能容物不衰老，心平气和不衰老，善待过去不衰老，宽让别人不衰老，能大能小不衰老，能官能民不衰老，原谅自己不衰老，化仇为友不衰老，老有所为不衰老，热爱锻炼不衰老。

12个字健康人生观：想得开，看得穿，拿得起，放得下。

第二章　顾客对餐饮需求的分析与对策

第一节　对顾客餐饮需求分析

一、对顾客餐饮需求的分析

1. 顾客餐饮需求分析图示

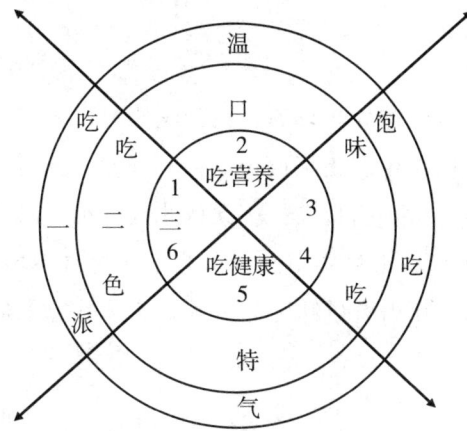

图中"一"，是前餐饮时代
图中"二"，是中餐饮时代
图中"三"，是后餐饮时代

2. 餐饮时代划分的主要特征

（1）前餐饮时代的主要特征

顾客不求什么营养搭配，只求价格低一点，但分量要足一点。说得通俗些，就是单纯地追求填饱肚子，说得文明点，就是吃温饱、吃气派。作为餐饮企业一般表现为"大而全"或"小而全"。对顾客的营销策略应以"五最"为法宝：上菜最快、分量最足、价格最低、服务最优、味道最好。（有些至今仍然有用）

（2）中餐饮时代的主要特征

顾客对菜品已经不再看中分量，而偏重于色泽和口味。作为餐饮企业为菜品的特色和口味怎样迎合顾客而费尽心思，为饱口福（吃好）而忽视环境保护和顾客健康。有的餐饮老板不讲食品卫生和职业道德，只为赚钱，使用劣质油做菜成为"顽症"。我国第一批万元户的不少人成了"吃好"为标志的中餐饮时代的受害者。

（3）后餐饮时代的主要特征

让顾客获得健康是后餐饮时代的主要特征。从顾客来说，进酒店吃饭的目的转变为新的追求——饮食讲科学、营养讲均衡、吃口味、吃文化、吃营养、吃健康。作为餐饮企业必须举健康旗，炒环保菜，打品牌战。在菜品上关注健康，讲究菜品的营养搭配，讲究顾客个体的营养需求，让餐饮真正回归顾客消费的根本。

二、餐饮的七大要素

1. 吃原料

吃原料是餐饮第一要素，也是吃的原始形态。说到吃原料，人们自然想到吃土菜。特别是在当今，一些原生态土菜值得挖掘和开发。土菜、山货、树花、山野菜、丝瓜尖、地瓜尖、枸杞尖……大俗才是大雅，民族的才是世界的。原料土造型不土，味道土色彩不土，工艺土文化氛围不土。没吃过的土料，没见过的土做法，让山野风味随处飘香，达到吃起来似曾相识、品起来若有所思、离开后念念不忘。

2. 吃口味

口味是菜品的灵魂，而口味的核心则是营养。菜品失去了味，当然也就失去了魅力。失去了核心，就失去了最关键的东西。

以川菜为代表的调味派，主张和擅长浓妆艳抹，制作出一菜一格、百菜百味的菜品，泼辣、浓厚是其神韵所在。以粤菜为代表的本味派，以清淡见长，善于开发出主料的鲜味，调料只对本味起到陪衬和开发作用，清鲜、淡雅是其灵魂所在。味是菜品成败的关键，通过调味，一方面决定菜品的味道，更重要的一方面是与当地顾客的习惯相关联。近来出现的"蜀国演义"、"川国演义"饭店就是这样做的。

3. 吃特色

特色就是与众不同，在其他酒店吃不到的，在你这里就能吃得到，就是原创性菜品（招牌菜）存在的标志。特色是吸引新客、锁定常客的重要手段。

把菜点比作"佳人"，味是"佳人"的脸庞、躯体，色是"佳人"的衣饰，香是"佳人"的化妆，形是"佳人"的风姿，名是"佳人"的名字。味是菜的灵魂，以味为本，以味见长，以味取胜，一菜一味，百菜百味。

风味是特色的最鲜明的标志，也是特色的最高品位、最高境界。风味是味觉审美的最高阶段，风味是自然形成的，而不是刻意追求的。一道菜点有风味，必然是有特色的，但有特色不一定有风味。风味是味的一种姿态、一种形态，就像风情、风采、风光、风景，它们不是一定意义上的情韵、一般意义上的色彩、一般意义上的光线和一般意义上的景致。风味同样不是一般意义上的味，而是特殊状态的味。有时风味是只可意会难以言传的。风味是像风一样飘忽即逝的味。风味是味的优美的变奏。

很难规范风味形成的轨迹，风味是对规范的突破，风味是一个逐渐形成的过程，也有一个被人们接受的过程，需要不断地调整和改进直至最终相对地定位。

评估一只菜点的质量好坏，一般都是根据它所传递出来的信息含量——色香味形、营养成分、绿色食品、名牌等。信息含量是由技术含量所决定的，是受技术含量制约的，但它与技术含量又属于两个不同的概念。

菜肴点心，内在的含金量主要是烹饪技术，局外人不一定清楚，也不必清楚，局内人一清二楚。菜肴点心外在的含金量主要是色香味形、营养成分、人文历史、绿色食品、无污染蔬菜、某些病人专用食品等。信息含量是一只菜肴或点心传递给接受者的审美感觉（包括味觉审美）的总和。"大娘水饺"技术含量并没有增加，而是信息含量增加了。

4. 吃文化

中国食文化源远流长。物质性的文化是硬文化，精神性的文化是软文化。背景音乐是文化，给顾客以动感。酒店装饰是文化，给顾客以清新舒适之感。服务人员的服饰是文化，给顾客以新奇特的亲切感、家人感。酒店的餐具是文化，给客人以美食美器之感。迎送顾客是文化，给顾客以吃经历之感。当然从企业管理分离出来的企业文化，是企业实施的"用文化管人"的人情化管理，使企业与员工同呼吸共命运。内蒙古的小肥羊餐饮集团以文化提高品牌的含金量。净雅餐饮集团的"来到净雅是主人，离开净雅是朋友"的标语也是文化，给顾客和员工以受到宾客尊重之感。作为文化、制度文化、视觉文化、形象文化……都显示着魅力。

现代餐饮竞争的趋势是附加文化，融入文化提高餐饮企业的文化含量，使餐饮企业更加个性化、立体化。皇城老妈火锅建筑、装修有特色，有个性，丰富的文化含量使得皇城老妈火锅变得丰满、有品位。

菜单是文化，尤其是介绍菜的典故，给顾客以吸引、以美的享受。眉州东坡酒楼得力于东坡文化的嫁接——"东坡"的名字、东坡肉、东坡诗词。食圣苏东坡讲的是杂食、节食、美食。"涮羊肉"为忽必烈赐名。

有象征吉祥的——竹笋炒排骨取名"步步高升"

发菜炖猪蹄取名"发财到手"

冬菇摆在青菜上取名"金钱满地"

有套成语的——鱿鱼炒鸡片取名"游龙戏凤"

菠菜炒番茄取名"翠绿啼红"

白萝卜缘上放鲜红辣椒取名"踏雪寻梅"

有以数字命名的——"一品豆腐""二度梅开""八宝烤鸭""三鲜水饺""四喜丸子"。

有以逸闻掌故命名的——"桃源三结义""佛跳墙""霸王别姬""草船借箭""日月星辰"。

湖北的蟠桃宴——以"西游记"中的王母娘娘招待各路神仙的蟠桃会为依据，以鄂菜为主。

江陵水鱼、武当猴头：以水产品、土特产为主，高档海鲜原料（咸鲜）。

香港回归宴和澳门回归宴的文化含义更是非常明显。香港回归宴（香港地区）的热菜共10道，这10道菜第一个字连起来就是"庆祝九七香港回归祖国"。

澳门回归宴（澳门地区）的10道热菜，第一个字连起来就是"热烈庆祝澳门回归祖国"。

苏杭一带名吃：

童子鸡和江南第一菜（口蘑虾仁锅巴）的由来

童子鸡（叫花童鸡）——说的是乾隆三下江南时，有一次经杭州去海宁途中，由于忙于玩乐，竟忘了找吃、住的地方，有人发现前面有亮光，于是乘马前去，只见一个叫花子正用柴火煨烤着一泥团，原来里面裹着一只鸡。乾隆也顾不得皇帝的架子，要与叫花子分吃这只鸡。一吃味道非常地鲜美。原来那叫花子一无家、二无锅，只得用此法来烤鸡。当然服务员在给客人介绍这道菜时，应当说明历经改革提高，这道菜用的是著名的"越鸡"或"童子鸡"，内外收拾得干干净净，以免客人担心这种做法不讲卫生。

江南第一菜（口磨虾仁锅巴）——锅巴广东人称为饭焦。据古书记载，南朝陈遣就用锅巴外出和孝顺老母。唐宋时民间用锅巴做菜，清代用锅巴做菜已成名菜之一。而"天下第一菜"的扬名与乾隆下江南有关。一次乾隆进无锡城，私访已到中午时分，信步进一小店用膳，饭菜售完，仓促取锅巴过油炸酥，以虾仁、鸡配上高汤熬成浓汁，将汁浇在锅巴上吱吱发声。乾隆一品尝，连声称妙，赞誉"此乃天下第一菜也"。此后江南第一菜（口磨虾仁锅巴）名扬四海。

5. 吃环境

顾客就餐往往为工作、为友谊、为爱情而来。环境应当能拉动顾客，感染顾客，吸引顾客。他向往去，乐意去，常光顾。每次都能给予服务、形象、氛围、感觉以美的享受。烟台海边的彩云阁 KTV 音乐餐厅，生意常年火爆就是受益于环境。

6. 吃服务

服务就是为顾客送去亲切感，送去方便，送去尊重。目前的服务最主要是要在细微处下功夫。"细节决定成败"。服务人员在服务准备时要做好业务准备、知识准备、心理准备、形象准备、物质准备。美国喜来登集团推崇"服务人员的微笑打招呼是与顾客的第一见面礼"起到了自信的象征、友谊的表示、永恒的介绍信的作用。不少单位在员工通道上都写有"今天我微笑了吗？"的提示语。"听口音炒菜"，厨师富有人情味，念活了服务经。（山东威海）向阳海港的特色服务将客人心情指示灯用红、黄、绿三色指示牌表示。红色远离打扰，包厢客人正在谈事情；绿色为及时拜访客人有生日、朋友聚会等活动安排；黄色为时刻警惕加大跟踪，客人有不满意处（菜肴、服务……）。

7. 吃品牌

品牌是"争夺眼球"的战役，谁能吸引更多的注意力，谁就能成为餐饮的主宰。品牌是一个复合概念，由品牌标记、品牌识别、品牌联想、品牌形象等内容构成。它的主要焦点应该集中在与众不同之处。品牌应具有多重涵义：

利益——给购买者带来物质、精神上的利益

个性——有别于其他的差异化品质

属性——表达产品特定的属性

价值——体现品牌制造者的价值取向

文化——品牌蕴含或象征的文化涵义

使用者——购买或使用这种品牌的消费者

著名品牌要有硬件投入、文化投入、传播投入和品牌涵养投入作保证。打造品牌与赚钱有一定冲突，那就看你倾向谁。

饭店与顾客从来都是对立统一的矛盾关系，两者相伴共生，两者又激烈博弈，争夺顾客，按需求选店，预期选店。

三、餐饮业任重而道远

随着后餐饮时代的到来，餐饮业任重而道远。

1. 吃得科学已上升到关系到国民经济可持续发展，关系到民族素质的大问题，直接关系到我国在世界的形象

营养卫生，膳食平衡，吃得科学，吃得健康，是当今人们饮食的首选。菜点如何既合乎营养健康的要求，又保持菜点原有的风味、魅力，是餐饮的生命线，也是餐饮要解决的课题之一、难题之一。中国老一代营养师于若木说"厨师是人类第一营养师"。可见随着后餐饮时代的到来，餐饮业任重而道远。

2. "油领"作用日益凸显

"油领"是指烹饪技艺较高、有合作态度、有创新精神、经验丰富、对各种菜系的风格、口味了如指掌的厨师长和大厨们。他们是酒店创取巨

大效益和饭店长远发展的根本。若离开这些人一步，饭店就会陷入举步维艰的困境。"油领"人才市场广阔、人才需求巨大。但随着餐饮行业逐渐从暴利行业变成微利时代，顾客餐饮需求转入吃出营养、吃出健康的时代，对厨师、对餐厅服务员也都提出了更高的要求。

第二节 厨师的职业道德

厨德是厨师的人格，它是厨师素质、修养、魅力的综合体。人人都能做厨师，但不一定能做一个称职的厨师、合格的厨师，更不可能成为名师、名厨。关键是看你能不能从道德品质方面要求自己，如同医德、武德、骑德、驾德、吃德一样。

一、厨师职业道德的涵义

1. 厨师职业道德的涵义：从事厨师职业的人们在职业活动中应遵守的道德行为的规范、准则的总和。

2. 厨师职业道德的基本原则

（1）为客人服务，以顾客为中心，一切为了客人的满意

（2）团结协作，形成团队

（3）主人翁的劳动态度、爱岗敬业的奉献精神

3. 厨师职业道德情感

职业责任感——义务、责任—合格产品—共同的目标

职业正义感——对顾客态度—遵纪守法

职业荣誉感——贡献、表扬、尊重、友谊、献身精神

4. 厨师职业道德行为

（1）将职业道德行为转化为工作习惯、生活习惯、认真实践、自我教育、自我改造、自我批评、自我反省

慎独——用内心信念来支配自己的行动、自尊自重

　　　有人在与无人在一个样

　　　领导在与领导不在一个样

　　　白天与晚上一个样

管不了自己的人，肯定也管不了别人

（2）职业能力：完成某种职业活动所必须具备的特征——认识、知识、技能、尽职尽责、乐业

热爱职业，忠于职守，尽职尽责——敬业、勤业、乐业

（3）职业纪律：职业活动的成员必须遵守的特定的行为和规章制度——命令、秩序、职责

纪律与自由的关系（穿衣、休息、说话）

组织纪律财经纪律

劳动纪律公私分明

群众纪律

5. 形成独特的厨德

爱动心，严导行

精益求精，精雕细刻

勤奋好学，尊师爱徒

严于律己，宽厚待人

平易近人，言传身教

虚心学习，诲人不倦

严中有爱，理直气和

全国厨师节定在每年的10月18—20日

全国烹饪大赛每五年一届，2014年已是第七届

利人主义行为型——时代需要

榜样是鼓舞人们前进的旗帜和方向，它能点燃起人们心中理想的火种，给人以动力、信心和力量。

"一个人追求的目标越高，他的智力就发展得越快，对社会越有益。"——高尔基

二、厨师应具备的精神、素质、作风、意识与技能

1. 三种精神

吃苦精神、团队精神、敬业精神。

2. 四种素质

心理素质、文化素质、形象素质、身体素质。

3. 四种作风

敬业乐业作风、吃苦耐劳作风、虚心学习作风、遵纪守法作风。

4. 九种意识

服从意识、安全意识、成本意识、时效意识、守法意识、沟通意识、合作意识、服务意识、环保意识。

5. 九种技能

清洁厨房技能（地面、门窗、厨具、餐具、自身）；

处理原料技能（宰杀、摘洗、胀发、鉴别）；

刀工基本技能（块、段、条、片、丁、丝、花刀）；

打荷基本技能（码味、上浆、传菜、盘饰、清洁）；

炒锅基本技能（熘、炒、爆、炸、蒸、煎、煮、焖、烧）；

面点基本技能（馒头、抻面、月饼、油条、水饺、蒸包、花卷、飞饼、荷叶饼、烧饼）；

食雕基本技能（花、鸟、鱼、虫、人物）；

营养配餐基本技能（正常人群体、特殊人群体、宴会等营养餐的热能计算、食谱编制和菜肴制作）；

西餐制作技能。

营养专家建议健康安全新"煮"张的时代。（新"煮"张是说烹饪食物尽量用蒸、煮、炒等手段，即便煎、炸也尽量使用不粘炊具。）

厨师长们、大厨们任重道远，大好形势逼迫厨师长们重新学习，学习新的理念，学习新的技巧，勇于创新、与时俱进，开拓与打造营养健康牌。

第三节　我国中医养生理论选摘

一、中国中医养生理论说得很好

1. 中医五行的平衡与调和

五行	五 脏	调养方法	喜欢食物	功能最强时间	功能最差时间
金	肺—呼吸系统	宜润	白色、辣	7—9时	21—23时
木	肝—免疫系统	宜疏	绿色、酸	1—3时	13—17时
水	肾—循环系统	宜藏	黑色、咸	5—7时	23—1时
火	心—内分泌系统	宜静	红色、苦	11—13时	21—1时
土	脾胃—消化系统	宜补	黄色、甜	9—11时	19—23时

五行平衡、五脏调和，才能维持人体的健康与气血旺盛，否则五脏有病（亚健康）。

以上说明人体中五脏各有所爱。色彩的搭配不仅使食客赏心悦目，刺激食欲，更主要的是满足人体摄入营养的需要。

2. 五味的作用

五味即辛、甘、酸、苦、咸。《黄帝内经》中"素问·宣明五气篇"说："五味所入，酸入肝、辛入肺、苦入心、咸入肾、甘入脾。"五味入于口也，各有所走，各有所病。《黄帝内经》中"灵枢·五味论"还说："肝病禁辛、心病禁咸、脾病禁酸、肾病禁甘、肺病禁苦。"

医学理论认为："肺主气，心主血脉，肝主筋，脾主肉，肾主骨，饮食五味用之适宜，对人体则有益，若因过分偏嗜则可发生疾病。或有五脏有病之时，也应适当调整饮食五味"。酸走筋，多食之令人癃，筋病无多食酸。咸走血，多食之令人渴，血病无多食咸。辛走气，多食之令人洞心，气病无多食辛。苦走骨，多食之令人变呕，骨病无多食苦。甘走肉，多食之令人悗心，肉病无多食甘。如若不重视，不注意宜忌原则，强行多食，则百病由生。清代医学家黄宫绣说："食物虽为养人之具，然亦于人腑脏有宜、不宜。食物入口，等于药之治病同为一理，合则于脏腑有宜，即可却病卫生；不合则于人脏腑有损，而即增病，猝死。"

《黄帝内经》还有如下说法：

心者，其华在面肝者，其华在爪

肺者，其华在皮脾者，大小肠者，其华在唇

肾者，其华在发

由此归纳之，食物＋药物＋风味＝群众欢迎的餐饮

中医的"以脏补脏"学说，是有科学道理的，也是可以用于实践的。

二、关于食疗

把食疗法作为一个专科设立，最早见于周朝医事特宴。（营养科）夏商周—西周公元前1066—前771年。

1. 医食同源，食药兼用

食物和药物同出一源，取药物之性，用食物之味，食借药力，药助食威。

食物也是药物，药物也做食用，有食养食疗效果。《韩氏医通》中说："黄牛肉补气，与绵黄芪同功。"名医李东垣说："补可去弱，人参、羊肉之属是也。"将羊肉之功与人参并列。鸡肉的功效比作党参。清代张璐的一味食品喻为一首名方——西瓜比作清热的名方"白虎汤"。清代名医还把"甘蔗榨浆"称之为"天生复脉汤"。《随息居饮食谱》说，梨子甘寒生津，润燥止咳，"绞汁服，名天生甘露饮"。

生活中的食物营养与药效我们也应该重视。

2. "是好菜，不用尝，看一眼就知道"

一个好的厨师要大胆探索烹饪技术，虚心求教有关专家学者，认真揣摩宾客心理，创造适合宾客口味的菜肴。——中国十佳名厨高望久语（1983年全国首届厨师比赛）

油菜叶比油菜心的营养要高得多，但习惯吃心不吃叶。

莴苣叶比莴苣茎的营养要高得多，但习惯吃茎不吃叶。（有营养的部分丢掉太可惜了）

说到食品的功效，可列举说明抗癌、减肥、健脑、润肤的食品。比

如：

抗癌食品——杏、地瓜、西红柿、洋葱、辣椒、海带、笋、西兰花……

减肥食品——薏米、茯苓、香菇、冬瓜、芹菜、黄瓜、鹅、兔、食醋……

益智健脑食品——鱼及鱼油、蛋黄、芝麻、大豆、奶、核桃、木耳、松子、栗子、卷心菜……

养颜润肤食品——莲子、百合、龙眼、芝麻、红枣、猪爪……

3. 美国推出的防癌新食谱

网上2010年8月报道，美国癌症研究所公布了抗癌新食谱——低脂肪、高纤维、纯天然。研究发现，只要饮食习惯合理，许多癌症是可以预防的。多素少荤，每天五份果蔬，叶酸早餐，少吃加工熟食，西红柿防前列腺癌，时常喝绿茶，控制饮酒量，喝白开水最好，十字花科蔬菜，炸、烤、焙增加患癌风险，新鲜草莓种树莓果汁，少吃糖。

三、乾隆皇帝的养生秘诀

1. 乾隆创造了皇帝中的十最：身体最好、寿命最长、在位最长久（超过康熙60年）、福分最高、工作最顺、爱好最广、足迹最远、诗作最丰、花钱最多、最会养生。

2. 养生秘诀——吐纳肺腑、活动筋骨、十常四勿、适时进补。

十常——齿常叩、津常咽、耳常掸、鼻常揉、目常转、面常搓、足常摩、腹常运、肢常伸、肛常提。

四勿——食勿言、卧勿语、饮勿醉、色勿迷。

第四节 看洋快餐提倡的健康"新快餐"

中国营养学会理事长葛可佑曾说："西方膳食结构特点是谷类食物和膳食纤维（第七大营养素）摄入不足，脂肪和动物蛋白质摄入过量，以致心脑血管和相关疾病发病率极高。反观中国，在膳食总体结构与营养素摄入上，与西方呈相反的表现形式。"

一、肯德基变脸术的健康"新快餐"

西餐制作过程中普遍使用"氢化脂肪"添加剂,使西餐香味诱人。但这无异于在人体内埋下"定时炸弹"。说得通俗点,就是用自己的牙齿为自己制造坟墓。世界卫生组织规定,每千克食物中丙烯酰胺不得超过1毫克,而美式快餐炸薯条中,丙烯酰胺高出标准约100倍,一包普通薯条可超标400倍。移居美国20年的华人患大肠癌的危险比浙江居民高出3—5倍。洋快餐有的寻求变脸,有的十分不情愿地宣布关门。国际营养学会正在参考中国传统的饮食结构指导西方人的饮食消费。肯德基变脸术的健康"新快餐",就是中国营养模式:

1. 打破以油炸食品为主的传统烹饪方式,采用多种烹饪方法,符合现代人的饮食健康需求。

2. 力求蔬菜品种更丰富、营养均衡搭配的套餐组合。

3. 弃除照搬美国模式的食品安全体系。

4. 实行24字方针:美味安全、高质快捷、营养均衡、健康生活、立足中国、创新发展。

麦当劳推出餐单营养明示,其目的是让消费者有更多的知情权。

二、美国营养专家提出的七项饮食原则

1. 饮食多样化

人体需要40余种物质,以下五类应是每天必选:①面包、麦片及其他谷物;②水果;③蔬菜;④肉、鱼、家禽、蛋类、干菜、豌豆;⑤牛奶、干酪和酸乳酪。

2. 尽量保证不增加体重

制定饮食计划时,这一要求是死要求。若体重增加了,每周要减肥1斤。减肥方法是:适量减食,降低饮食热量或通过体育锻炼将多余的热量消耗掉。(美国人70%的体重超重)

3. 避免多脂肪和富含饱和脂肪酸及胆固醇的食物

4. 食用含有大量淀粉和纤维的食品

5. 避免食用过多的钠

6. 避免食用过多的糖分

7. 适度饮用含酒精饮料

第五节　饮食中的时尚潮流

一、饮食中的十大时尚潮流

1. 从吃"多"到吃"少"

2. 从吃"红"到吃"白"

3. 从吃"陆"到吃"海"

4. 从吃"精"到吃"粗"（食不求精，美国膳食宝塔图已将精米、精面置于塔顶，与盐、油一样限量）

5. 从吃"家"到吃"木"、吃"花"、吃"野"（回归自然）

6. 从吃"熟"到吃"生"（返璞归真）

7. 从吃"死"到吃"活"（生吞活剥）

8. 从吃"瓤"到吃"皮"；从吃"宝"到吃"废"（茶叶）（废物利用）

9. 从吃"肉"到吃"虫"

10. 以饮代吃——喝汤

据说目前已有3600多种昆虫被引入食谱。

二、关于吃生

尽量吃生已在世界开始流行，日本人吃生鱼片，法国人的牛排是半生不熟的。埃塞俄比亚的国宴是生牛肉宴，鲜血淋漓的牛肉最受欢迎。吃法有两种，一种是将牛一分为二，挂在钩子上，每人拿个小刀，吃什么地方自己动手切。另一种是将牛肉绞成肉糜，拌上辣椒粉等调料吃。

这里想说一下生吃蔬菜的问题。生食蔬菜可最大限度地保存菜中的营养，有防癌抗癌和预防多种疾病的作用。因为蔬菜中都含有一种免疫物质——干扰素诱生剂。它作用于人体细胞的干扰素基因，可产生干扰素成为人体细胞的健康"卫士"，具有抑制人体细胞癌变和抗病素感染的作用。

而这种"干扰素诱生剂"不耐高温（50℃），只有生食才能发挥它的作用。因此能生吃的蔬菜最好生吃，不能生吃的蔬菜也不要炒得太熟（有毒素的除外），尽量减少营养的损失。

三、关于吃虫、吃海鲜

世界上现有昆虫100多万种，入食谱已近4000种，其重量是人类总重量12倍多。

昆虫营养价值极高，含大量人体必需的氨基酸，各种维生素，丰富矿物质，其营养成分的含量、结构比家禽、肉类更为合理。

美国的"蚯蚓热"食谱达2000多种

日本用蝇蛆粉制"老年酥"

墨西哥240种昆虫上了菜单，用"蚂蚁"做"鱼子酱"

法国用甲虫肾"烤馅饼"

中国的油炸金蝉罐头已出口日本等国

德、法、日、美等国相继建立了昆虫食品加工区

海洋——21世纪第二粮仓——蓝色革命（海洋牧场、海洋农场）

食源宝库——近海的自然生长的海藻，年产量相当于目前全球小麦产量的5倍以上，繁殖1公顷水面的海藻，加工后获20吨蛋白质，相当于4公顷耕地每年所产大豆的含量。

四、日本型食物结构（每日）

主食——400～500克

肉类——100～200克

蛋类——50～100克

鱼——100克

奶——250克一杯奶使日本人增高

蔬菜、水果丰富

美国教授（医生）基斯提出了热量摄取比率标准：

基斯学说标准——低脂学说。

从各种营养素上看热量摄入比率，参见下表。

营 养 素	基斯学说	日本现状
饱和脂肪酸（动物油）	4%	11%（为美国的1/4）
不饱和脂肪酸（植物油）	11%	11%（为美国的1/4）
蛋白质	16%	15%
碳水化合物	59%	55%
纯糖	5%	8%

日本饮食主要是低脂饮食，心脑血管病少的长寿饮食，所以，日本是多年第一长寿国。日本12520万人，平均300～400人有一名营养师。日本人的健康食谱是"１２３４５６"。即每天至少一个水果，100～200克；两盘蔬菜，500～750克；每日炒菜用三勺植物油，约25毫升；每日四碗米饭或面食，约300克；每日五种优质蛋白，瘦肉50克、一个鸡蛋、250毫升牛奶、50克鱼肉、50克豆腐；每日至少6杯水，2000～2400毫升。

五、一些提法很抓顾客眼球

1. 健康是快乐，是权利，是尊严和财富。
2. 人生最大的财富是健康。
3. 让食物成为你的药物，不再让药物成为你的食物。
4. 不再走"前半生用健康换金钱，后半生用金钱换健康"的道路。
5. 营养健康是硬道理。
6. 要美味更要健康。
7. 中国菜海参时代的到来。
8. 饭前喝汤，苗条健康。

第六节　营养平衡的十大原则

一、何谓营养

什么是营养，"营"就是谋求，"养"就是养生，也就是说从食物中摄取营养素来满足人体新陈代谢和补充活动能源过程的总称。

营养学的目的是保持健康、防止疾病。应用这些营养学知识，将能保证你的情绪、容貌和健康都处于最佳状态，将一个长寿积极和有益的人生梦想变成现实。

什么是平衡膳食？就是指提供数量足、质量好、比例适宜的各种营养素以满足生理需要的由多种食物构成的膳食。

二、营养平衡的十大原则

1. 主食与副食的平衡：要吃五谷杂粮。
2. 荤与素的平衡：既要吃四条腿、两条腿、一条腿、没有腿的，又要吃根、茎、叶、花、果葡萄等。
3. 干与稀的平衡：要注意吃饭菜的同时，也要吃些帮助下咽的汤和水。
4. 精与杂的平衡：在吃米面、肉、蛋类的同时，别忘了吃一些下饭的菜，如韭菜花、臭豆腐、辣椒酱等。
5. 寒与热的平衡：食物也有寒、热、温、凉四性之别。如夏天的绿豆汤、冬天小豆汤等属凉性。
6. 酸与碱的平衡：鸡、鸭、鱼、肉是酸性食物，瓜果蔬菜菌类是碱性食物，要搭配好。
7. 饥与饱的平衡：太饥则伤肠，太饱则伤胃。（饱生众病）
8. 摄入与排除的平衡：吃进去的热量要与活动消耗的热量相等。
9. 动与静的平衡：食前忌动，食后也忌动。
10. 情绪与食欲的平衡：调节控制食欲，别高兴时大吃大喝，不高兴时不吃不喝。

三、菜肴营养配餐搭配的原则与方法

1. 原则

尽量少配单一原料的菜肴，多配含多种原料的复合型菜肴。在原料搭配中尽量使其营养素从种类上和数量上相互取长补短，达到提高菜肴营养价值的目的。

2. 方法

(1) 荤素原料的搭配——是指动物性原料与植物性原料的相互搭配,其搭配品种、数量、比例因人而异。例如红烧猪、牛肉中加胡萝卜,一则可以增加单一原料猪、牛肉中的食物纤维胡萝卜素;二则可以调高单一原料胡萝卜中萝卜素的吸收利用率,增加优质蛋白。中国传统的烧菜类、粉蒸菜类、凉拌菜类等都是十分优秀的营养组合。

(2) 五色原料的搭配——五色习惯指白、绿、红、黄、黑等,泛指各种颜色的食物,这在中式菜点中广泛应用。不同颜色的烹饪原料营养价值不同。例如绿色叶菜与浅色的茎菜、根菜及红色的肉,白色的蛋白与黄色的蛋黄,红色肉与白色肉等,不仅其营养价值有明显的不同,同时还有不同的滋补作用。所以吃多颜色原料的菜肴,可以获得尽可能丰富的营养成分。

(3) 五味原料的搭配——五味泛指咸、甜、酸、辣、苦为代表的各种原料的组合,这在中国菜中十分讲究。

(4) 成酸性食物与成碱性食物的搭配——维持人体正常的pH值。在日常膳食中,肉、鱼、蛋成酸性食品摄入过量,人体就感到不适,产生郁闷厌食之感受,我们称之谓酸中毒或酮中毒。反之吃素,一点肉也不吃也不好,胃清口水。用四川话说:"心中涝肠寡肚",这是碱中毒的表现。如果一个人什么都想吃,食欲很佳,就说明食物的酸碱平衡了。

(5) 多与富含中功能性物质如香菇素、番茄红素、葱蒜素、葡甘聚糖,可溶性膳食纤维如菌类、生葱、生蒜、西红柿、魔芋、苹果等保护性食物相搭配。

(6) 非海产品与海产品相互搭配,可以提高陆地居民的膳食质量。

3. 重油(用油过多、明油亮芡)、重盐、重糖、用火过大、烹制时间过长都不可取。因为它破坏了营养成分,增加脂肪摄入量,对健康不利。引导科学用膳——以植物性原料为主,荤素搭配,主副食搭配,用料广泛,提倡杂食。

四、筵席营养配餐搭配的原则与方法

1. 原则

如何正确控制入席者热能的需要及生热营养素的热比值,是筵席营养

配餐搭配的关键。通过对中档筵席、高档筵席即风味筵席、小吃筵席食物组合和营养分析,发现中式筵席在保证传统格局前提下,从控制热能角度就能使筵席的食物组合搭配,剩余食物的减少等方面达到科学合理。

2. 方法

(1) 筵席中进餐者热能的需要按照每人每日总热能的50%计。同时加上必要食物剩余这部分热能(占供给热能的15%-20%计)。例如普通一般进餐者(成人)可按1600-1800千克计,其中生热营养素的热比值,脂肪小于50%,蛋白质不超过15%,碳水化合物在35%左右,以面点、小吃、甜点、水果的形式供给。

(2) 通过搭配可以将50种左右的食物巧妙地组合在一起,融观赏、美食、营养为一体。由于受传统和世俗的影响,筵席食物组成过于丰盛导致食物和营养素的浪费,所以中式筵席改革也势在必行。

(3) 减少珍品原料,适当增加时令鲜菜鲜果。

(4) 重视菜点色香味形器的配合,展现菜点配合的主题与风味,少而精不浪费,改变以论钱配菜。

(5) 菜点组合科学,将中西菜点、荤素菜点、风味小吃与面点等巧妙组合在一起。

(6) 改善就餐环境和进餐方式。

(7) 用机械化的配套生产,逐步代替传统落后的手工作坊操作,使中式筵席更大众化、营养、快捷方便。

五、菜单实例五则

1. 养生食谱

104岁的寿星、著名生物学家陈纳逊教授

信念:调节饮食、平衡营养、少食多餐。

三餐食谱:

早餐:一杯牛奶、一片面包、一个鸡蛋、一只香蕉

中餐:一小碗米饭、荤素搭配的菜、豆制品必备、一道置放了红枣、枸杞子之类滋补品的汤

晚餐:面食加稀饭

下午和睡前各有一份点心，牛奶、咖啡、蛋糕、芝麻糊轮着吃

2. 聪明食谱

连续三个月服用鱼油。

建议三餐食物：

早餐：煮鸡蛋、牛奶、全谷烤面包和水果

中餐：金枪鱼、生菜三明治、胡萝卜、酸奶和水果

晚餐前的小吃：核桃、葡萄干、香蕉

晚餐：土豆烧牛肉、菠菜、干果或鲜水果

3. 开国第一宴菜单

1949年10月1日开国大典，中央政府在北京饭店举行了新中国第一次国宴。"开国第一宴"的菜单是：香麻海蜇、炝黄瓜条、虾籽冬笋、桃仁冬菇、水晶猪蹄、酥烤鲫鱼、罗汉肚子、腌韭菜、雪菜花生米、桂花盐水鸭、芥末鸭掌、白糖生姜、清炒虾仁、鲍鱼浓汁、鸡汁干丝、东坡肉、口蘑鸡、蟹粉狮子头、全家福、弯弯顺、茶徽、水果拼盘，一共22道菜。国宴菜肴以淮扬风味为主，也汇集了全国各地的地方菜肴。（据《扬子晚报》、《世界新闻报》）

4. 1997年7月1日，北京人民大会堂庆祝香港回归的国宴

冷盘、浓汁海鲜、清蒸大虾、罐焖牛肉、草菇绿菜花、点心、水果

国宴的菜系称为"堂菜"，讲究清淡、嫩滑酥脆、香醇为主。荤素搭配，川菜少了麻辣油腻，苏菜无锡菜少放了糖。

5. 2005年11月19日，天津百饺园北京西单店，布什与夫人劳拉品尝中华传统美食——天津饺子

"布什菜单"（中餐）

热菜：无锡酱排骨——典型淮扬菜系风味

爆炒野山菇——精选五种野生真菌，富含多种人体所需微量元素

酱爆核桃鸡——在传统鲁菜基础上进行了工艺改革，色泽清亮，酱香浓郁

松仁玉米

白果百合清炒豆苗

点评：整个热菜荤素搭配以素为主，酸碱平衡，偏碱性，精选十多种

原料，有肉、水果、菌类、杂粮、青菜等，结构合理，营养健康。

水饺：

猪肉山野菜馅　　猪肉芹菜馅　　猪肉青椒馅

西红柿鸡蛋馅　　鲜虾馅　　　　羊肉香菜馅

猪肉豆角馅　　　猪肉葱香馅　　猪肉胡萝卜馅

全素馅水饺

点评：水饺的致熟工艺被当今营养学界认为是保存营养成分最合理、最科学、最先进的方法。

布什夫妻评价：

称赞饺子好　　惊叹文化深厚　　赞扬服务热情

第七节　用营养健康打造餐饮发展的新天地

一、"吃得营养、吃出健康"，前辈肖石鹏是表率

"吃得营养、吃出健康"，对于我们中国人来说，不是一个新鲜的话题。我国的传统餐饮就为我们树立了样板。1945年，美食营养专家肖石鹏在长沙就开办了"营养餐厅"，对每位就餐者他还赠送了一本《营养食谱》。

二、"吃得营养、吃出健康"，顺应时代发展潮流

1999年第十届全国厨师节上就形成了共识——顺应时代发展潮流，讲究营养平衡，提供科学饮食。"生命在于平衡"。提高全民营养意识，改善居民营养结构。随后，国家的文件、新闻媒体的宣传达到了铺天盖地之势。

三、不少餐饮企业在全国作出了榜样

1. 武汉小蓝鲸健康美食集团

武汉"小蓝鲸"在全国作出了榜样，他们将"上菜最快、分量最足、价格最低、服务最优、味道最好"的"五最"改为"举健康旗、炒环保

菜、打品牌战、吃口味、吃文化、吃营养、吃健康"。

他们参与健康引导导向系统软件的研发，顾客只要提供个人的自然情况，就可以为顾客提供指导性食谱。这种"导吃"式的免费服务深受顾客欢迎，争取了大量客源。

2. 北戴河东海滩花园

北戴河东海滩花园，主打营养与健康牌，特色菜肴名下都标注了营养成分和基本功效。特别注意季节，消除食源性疾病。他们请中国营养学会专家指导，建立长期持久合作，创造了没有淡季的经营模式——全天候、全方位的健康教育基地。

3. 顺峰餐饮有限公司

顺峰从1990年到2005年，从广东到北京，由国内到国外，从一家店发展到18家店，年营业额由三十万到四亿多元。顺峰成立了"餐饮营养研究所"和"餐饮安全研究所"，培养营养配菜员。选菜牌标出营养成分，对高血压、高血脂、高血糖应少用、慎用的菜品作"负营养规避"提示。餐厅设有点餐卡，作用有三：①按菜下单；②凭票对账；③顾客的健康向导。卡上标着油、盐、味精等常用辅料的"用量提示"，客人可选择"少油、少盐、少糖、少味精的特殊烹调方法。以经营海鲜为主的店，明确告诉客人多吃海鲜的危害。如肠道免疫功能不好的客人不能吃生海鲜，关节炎患者要少吃海鲜，特别是海参、海带、海菜等。点菜员看到客人点菜太多时提醒客人"菜已够吃"——人性化的服务让客人感觉很舒服。许多客人成为酒店的回头客。

四、培养营养师（职业点菜师），设立"导吃"服务台

营养师（职业点菜师）是"点食成金"的职业，他担负着营养搭配、营养互补、营养平衡的责任，解决人们"吃什么、怎么吃、吃多少"的问题。目前我们有营养师不足4000人，营养师与人口之比为1：65000。目前营养师的月薪是3000元到6000元。优秀的营养顾问月薪已经突破万元。随着相关制度的出台和营养师进入百姓家庭，营养师的薪金还会上调。

附件

（一）厨师工作优胜 15 法

1. 每天到岗和离岗需提前和推迟 15 分钟，并持之以恒。
2. 注意保持良好的形象，礼节礼貌，尊重师傅和同仁。
3. 个人卫生做到勤剪指甲、勤洗澡、勤理发、勤换被褥。
4. 工作服必须每天保持干净整洁，进厨房必须穿工作服、戴工作帽。
5. 把清洁卫生作为硬件、作为大事来做，每一件工作都要按标准，边工作边清洁，认真做好、做彻底。
6. 树立厨师新风尚，杜绝一切厨师陋习。
7. 服从工作安排，听从领导指挥，即便自己不感兴趣和不乐意也要服从和听从。
8. 遵守店内规章制度和组织纪律，做到安全生产、遵纪守法。
9. 谅解师傅的误解与错误，经得住委屈，把理把对让给对方。
10. 坚持每天做笔记。
11. 放下架子，甘当小学生，从零做起，做好所分配的每一件工作。
12. 在工作中若出现做错事情，要找原因，不要给自己找借口。
13. 学会与同志间的融洽相处，杜绝拉帮结派，排斥异己。
14. 如实向领导汇报工作，遇见不同意见，随时沟通或求大同、存小异，不允许记恨在心、寻机报复。
15. 你做的工作，无论打荷、砧板、卫生清洁、水台、初加工等必须比你前任做得更好。

（二）某大酒店厨师宣誓誓词

×××大酒店是我们厨师的新家，尽管我们每个人单位变了、工作目标变了、菜品要求变了、企业文化变了，但厨师的职业道德未变，做人的原则未变，用企业文化锤炼自己的要求未变，中国公民道德规范未变——

爱国守法，明礼诚信，团结友善，勤俭自强，敬业奉献。

以×××为荣，为×××增光。×××大酒店已使我们温馨和向上，她像北斗指引人，像磁石吸引人，似信仰塑造人。我们决心改变自己，用健康时尚的菜品吸引顾客的眼球，用"蓝领"的新形象为新航母保驾护航。

现在我们厨师向×××宣誓：

遵纪文明，爱岗敬业，诚实守信，办事公道，奉献在×××，贡献在×××。

宣誓人：

年　月　日

思考题

一、你对健康的四大基石，对营养是健康之本有何认识？

二、你对人的健康因素如何理解？

三、简述餐饮的七大要素。

四、厨师的职业道德是什么？

五、餐饮生产过程中如何坚持膳食营养平衡？

六、用营养健康打造餐饮发展新天地的构想，你觉得该如何做？

第四篇 酒店稳定员工的三个法宝

引子：一个严峻的现实

餐饮行业员工流动本来是个正常现象，但随着我国"招工难"的出现，餐饮企业员工流动大大提升，竟达到11个餐饮企业抢1名服务员的困难局面。有资料表明，全国餐饮行业员工平均流动率为28.6%，有个别单位员工流动率竟高达200%，甚至300%，有的单位不得不缩小营业面积。在这种情况下服务员的标准降低了，服务质量也可想而知了。就在全国服务业进入"人荒"时期，却有不少企业员工流动率很低，店的扩张也很稳健。四川海底捞火锅公司董事长一针见血地指出：员工流动率的大小，反映的是一个企业的"管理问题"。有资料表明，全国有海底捞企业38家，员工7000人，员工年流动率大约在10%。山东东营蓝海餐饮有限公司员工流动率15%以下。河南自狮麟酒店（北京，上海，河北有分店），员工流动率大约10%。台湾鼎泰丰餐饮公司2009年员工流动率仅为6%（高校毕业生录取率为9%）……以上这些单位的情况表明，酒店餐饮行业面对招工难，不仅有办法稳定员工队伍，而且还可以很好地做好员工的工作。

我曾对餐饮企业员工流动问题进行了专题研究，发现稳定员工队伍有妙招。妙招是什么？我概括为三句话：

第一句话：用餐饮服务的工作性质塑造员工的自信；

第二句话：用餐饮企业的关爱锤炼员工的忠诚；

第三句话：用工作绩效提升员工的价值。

我们知道，压力只能让人干好一时，热情却能让人干好一生。成功学家戴尔·卡耐基说得好:"一个人成功的因素很多,而属于这些因素之首的就是热情,没有它,不论你有什么能力,都发挥不出来。"用餐饮服务的工作性质塑造员工的自信,就是解决激发员工的热情,为员工的发展打下一个坚实而牢固的基础。"我是最棒的,我是最好的,我能创造人间辉煌。"紧接着,要为每个员工制定切实可靠的职业生涯规划。"我想往哪一条路线发展?""我能往哪一条路线发展?""我可以往哪一条路线发展?"每个员工自己心里都清清楚楚,明明白白。这是餐饮企业的关爱对员工忠诚度锤炼的结果。有了热情——自己内心的神,有了目标和方向,最重要最关键的是付诸行动。

我国古代著名思想家、教育家荀子说得好:"不积跬步,无以至千里;不积小流,无以成江海。"要从按岗位作业指导书工作,按服务标准、服务流程工作,单位按德、能、勤、绩四个方面进行公正公平的考核和激励。员工就是这样稳定的,优秀员工、一流员工也就是这样打造出来的。

第一章 用餐饮服务的工作性质塑造员工的自信

人们走上工作岗位,第一步最要紧的是走对了路,进对了门。人们踏上工作岗位,走进餐饮企业就是走对了路,进对了门。有的单位对新员工的第一次教育就叫创业教育,把就业三步曲省去了前面的就业和择业是有充分道理的。

一、服务的年代,高呼从事服务行业的人员是最光荣最伟大的人

上述这句话,是我在 2006 年 11 月在济南东方美食学院对一个五星级酒店的服务人员经过 1 天的服务意识培训后写的发言稿。至今我还留在身边,每次对新老员工都要说起这事,激励同志们自豪。

第四篇
酒店稳定员工的三个法宝

我国酒店服务业是借着改革开放的春风,以"三产"骄子、改革开放的窗口和排头兵而发展起来的。正如人们所说,21世纪是一个催人奋进的时代,作为酒店从业人员就应引以为骄傲和自豪。我国为了加快服务产业发展的步伐,中央不仅多次下发文件,还多次召开座谈会,国家领导人反复强调发展服务业的重大意义。但我们清楚地知道,我国服务业不论规模还是水平,都与发达国家存在差距。这个差距,正是服务企业与从业人员的一个巨大发展空间,这又是酒店从业人员引以为骄傲和自豪的另一个理由。

为什么说服务产业是最有前途、基础最厚、市场范围最广阔的朝阳产业呢?第一条是它可以满足人们的需要,不仅是生理需要,更可以满足人们精神的需要,高级的需要。第二条是它可以大力促进经济的发展。来自服务一线的同志,对以上两点都是非常清楚的。

我国酒店业已由引进管理——中外共管——自己管理,迈向了输出管理的年代。我们深信,东方模式的酒店管理将大大加快我国酒店业的发展。

二、服务是种奉献,服务是种高尚的爱的领域,我是最棒的

我们从事的是餐饮服务业,属接待服务,接待服务的定义是:"有形的物与无形的服务行为的结合,二者缺一不可。"服务是产品,服务是商品,服务是一个高尚的爱的领域。饭店之父斯塔特勒曾说过:"饭店出售的商品只有一个,那就是服务。能为顾客提供优秀服务的饭店是成功的饭店,而为顾客提供劣质服务的饭店是失败的饭店。"

作为餐饮的服务者,我们要求对顾客充满爱、敬爱、友爱、关爱;把爱的阳光(微笑)洒向每个顾客。作为服务者要有自信,我爱我自己,我喜欢我自己,我相信我自己,我相信我是最棒的,我相信我的单位,我相信我的老板,我相信我的同事,我相信我销售的产品。这种自信比金钱、势力、家世、亲友更为有用,更为可靠。这里我想用"打工皇后"吴士宏的实例来说明自信力。一个只有初中文凭和自考大专文凭的人,抱着"绝不允许别人把我拦在任何门外"的坚定信念,每天比别人多花6个小时用于工作和学习,从护士干起,先后当上IBM华南地区经理,微软(中国)

总经理，TCL集团常务董事、副总裁。这个事例充分说明，坚定的自信便是伟大成功的源泉。不论才干大小，天资高低，成功都取决于坚定的自信心。自信是人生的资本，我们每个人都应该很好地利用。至于自信的建立和培养、培训，这里就不再多说了。

三、目标铸就一流，好习惯催生辉煌

目标对个人来说，是人的脊梁和灵魂；对企业来说，目标是企业发展的持久动力。对于餐饮的老板来说，做一家企业就是要做一个品牌；对于餐饮企业的员工来说，就要有自己明确的目标。目标铸就一流，目标的威力大家都知道。

没有目标就不会努力，没有目标，几乎同时失去机遇、运气、别人的支持。目标使人在没有得到结果之前，就能"看到"结果，从而产生持续的信心、热情与动力。法国思想家、社会活动家罗曼·罗兰说得很对："最可怕的敌人，就是没有明确的目标。"我在第二个问题里面要专门说到为每个员工量体定制职业生涯，就是为每个员工制定一个目标，解决前进的方向问题。

一个人有了好的工作岗位，要想走上辉煌还得有好的习惯伴随终生。好习惯是走向成功的一把钥匙，坏习惯是通向失败的一扇大门。爱岗敬业就是一个好的习惯，优秀员工是由好的习惯支撑的。每个成功人士都有自己的独特的好习惯。诚实守信、品质的魅力高于一切。行动至上，千里之行始于足下。敏而善思，用思想改变人生。宽容忍让，容人的力量是无穷的。团结合作，双赢胜于单赢。持之以恒，才是取得胜利的基础和保障。防止空谈，立即行动。取人之长，补己之短。荣誉高于一切，细节决定成败……

习惯是由于重复或练习而巩固下来的并变成需要的行动方式。从我们餐饮行业来说，好的习惯也很多，要我们每个人，特别是想成功的人士要牢记，认真去实施。服从没有借口、每天提高一点、客情就是命令、一切以客人满意为中心、主动工作全力以赴，不为失败找借口，只为成功找理由……我还说谭斌在铺桌布完成后摆台前，先用酒精棉球擦手消毒，这点不为人们注意的细节，给她带来了加分，是她好习惯的自然展示。

四、爱岗敬业是人生第一要务

人一生要做的事很多。当一个人走上工作岗位，而且在又有了目标的前提下，他的第一件最重要的事就是爱岗敬业、尽职尽责。爱岗敬业、尽职尽责既是工作原则，又是人生原则。1994年全国技能大赛服务组第一名的谭斌，就是爱岗敬业的典范。她的中餐摆台蒙上双眼，骨碟间的距离相等，我们睁着眼也不一定能做到。谭斌是湖北外事服务学校的学生，学的就是服务专业。在工作岗位上就是摆台、撤台，而当她走上工作岗位后，她对母亲提了个要求，她要从工资中抽出点钱买标准的餐桌和10个人头的标准餐具，在家里练习摆台、撤台。母亲开始对她很不理解："上班做这些，回到家还做这些，你不感到烦吗？"谭斌却说："在工作中我为客人服务，客人从我的服务中得到了享受，我从客人的享受中也得到了享受和安慰。"多么高的境界啊！她已经从工作中实现了自己的价值，是一位典型的职业道德模范。

爱岗敬业我国把它作为公民的道德标准而提出。作为餐饮行业的从业人员，爱岗敬业也是个职业道德问题。现在有些年轻人缺乏坚持，把跳槽认为时尚。其实跳槽不应该成为人们追求的目标，我们追求的是成功，追求的是完美，追求的是客人的满意，追求的是坚忍不拔的意志，追求的是自身价值的实现。社会竞争像是一场世界性马拉松赛跑，拼的是坚韧、耐力和心态。对于敬业者来说：凡事无小事，简单不等于容易。花大力气做好小事，把小事做细，在细节上用足脑子。北京公交车售票员李素丽说得好："认真做事只是把事情做对，用心做事才能把事情做好。只有花大力气把小事做细，才能把事情做好。"

这里我再介绍两位服务人员的心里话，一则是"终身难忘的服务"，另一则是"对未来充满信心"。

> 酒店核心竞争力

*

终身难忘的服务

一九九五年的三月十日,开始了我的实习生活。长城饭店是北京第一家五星饭店,管理当局为美国喜来登集团,以擅长管理高档次饭店而享誉全世界。

很荣幸的,我被分在了宴会厅。长城饭店的服务标准、系统,已深入饭店每个人的心里:微笑标准地与客人打招呼、礼貌地交谈、主动地帮助客人解决问题、预测客人的需要与超前服务等。我学会了长城饭店服务高标准,渐渐地我可以从一名服务员到领班,从接待团队餐到接待国家元首。经过五个月的实习,我接待了外经部吴仪部长及许多党和国家高级领导、外国总统等。令我终身难忘的是,我于1995年8月16日一千多人的世界大法官会议上,接待了江泽民总书记,又在第四届世界妇女大会期间服务了温妮·曼德拉,黎巴嫩总统夫人,约旦公主等贵宾。

原先,党和国家领导人我只在电视上、照片上看过,在长城饭店实习的几个月中,我能亲自服务他(她)们,真是高兴万分。所以每次服务我都很用心地体会,把在学校在饭店学到的知识更好地发挥。

长城饭店高强度高标准的服务特点,使我受益匪浅,为我以后走上工作岗位奠定了基础。

朱媛媛
1996年3月15日

* *

对未来充满信心

以前觉得服务员是一个被人瞧不起、一个很卑微的职业,服务员的工

第四篇
酒店稳定员工的三个法宝

作就是把菜端上来然后等客人吃完买单就行了。一次偶然的机会让我成为长胜的一名服务员，这段时间的培训和磨练，让我改变了对服务员的看法，来到长胜也许是我人生的一个转折点。

我觉得作为一名服务员是神圣、伟大的，因为我们每天要接待各种各样不同岗位的客人，包括他们的"喜、怒、哀、乐"以及了解客人的饮食习惯。开阔了我们的眼界，提高了我们的悟性、技巧性和大脑的灵活性，以便对突发事件的随机应变；服务业是门艺术，值得我去学习和发展，俗话说"学到老、活到老、干到老"，只有不想学，没有学不会的；只有不想干，没有干不了的；作为一名服务员我感到自豪，为之骄傲。

未来目标："人往高处走，水往低处流。"每个人对未来都要制定一个前进的目标，并朝着自己制定的目标努力追求、拼搏和发展。我觉得目标不是说出来的，而是要用心、行动做出来的，只要你不懈努力，长胜将是每个人的大舞台，我会把所学到的知识融入实际行动中来，我会努力干好服务这个行业。通过培训、学习我找到了我人生的目标，我很自信，对未来充满信心。

亲爱的同事、朋友们，让我们一起携手共创长胜美好的明天。

兰兴双
2009 年 8 月

用餐饮服务的工作性质塑造员工的自信，就是激起员工对事业的热爱，对事业的忠诚、对事业的献身。这里关键是个信念问题。事业留人，为事业而献身的实例太多了，远说为抗日战争解放事业献身的广大英雄，近说"人梯精神"舍己救人的 80 后、90 后。远说在法国巴黎博物馆蜡像馆里与世界各国领导人享受同等待遇的巴黎马克西姆饭店的餐厅服务领班阿尔巴尔，近说在座的各位，哪位不是为餐饮事业献身的英雄，这就叫做事业留人。

第二章　用餐饮企业的关爱锤炼员工的忠诚

一、对员工的关爱是企业应尽的起码的义务

这里我先介绍一个酒店的总经理致辞：

亲爱的员工朋友们：

我代表×××大酒店热忱欢迎您加入"×××"大家庭！

值得我们大家共同自豪的是：×××大酒店是一座集客房、餐饮、娱乐、商贸为一体的按"四星级"标准建造的旅游涉外酒店。美誉来自"×××大家庭"每一位成员的辛勤劳动。美誉是客人对我们付出劳动的褒奖，是我们每一个人智慧与成功的象征。"×××大酒店人"爱"×××大酒店"，为"×××大酒店"赢得了赞誉；"×××大酒店"哺育了"×××大酒店人"。"×××大酒店人"在"×××大酒店"实现了自己的价值，赢得了自己的尊严。

工作，是我们每个人人生中的重要部分；努力工作并取得成就，是每个人生命价值的体现。努力工作会使我们每一个人变得充实，成就则使我们的人生迸发出光辉。为客人提供优质服务，是造就我们生命光辉的契机。

×××大酒店以顾客满意和超值享受为服务宗旨，以"把客人当亲人，视客人为家人，客人永远是对的"作为经营理念。我们深信：因为您的热情待客，因为您的优质服务，我们的理想得以实现。有了客人的满意，也就有了我们的成功。我将同各位一道，同心同德，给我们尊敬的顾客一个家，一个高雅、温馨、舒适的家。以优质的成绩为×××大酒店增辉。

"团结、公正、严格、民主、平等"是我们管理工作的基本原则，所有管理人员与全体员工一道，共同努力、推动×××大酒店不断前进。

愿"×××大酒店人"在自己酒店的工作中，敬业、诚实、奉献、自律，工作顺利、生活愉快！为了使您了解在受聘期间应遵守的事项，特发给您"员工手册"，务请熟悉其内容，并自觉遵守。

总经理：××

员工听到、看到这个总经理致词，心里肯定会热乎乎的。

不少企业把员工视为企业的心脏，惠普公司的创始人曾说："企业的一切依赖于员工。"IBM公司提出："为了职工利益，为顾客利益，为股东利益的原则。"员工是企业财富的创始者，是企业赖以生存的细胞。国际马里奥特集团名言："你如能使员工树立工作自豪感，他们就会为顾客提供出色的服务。"净雅集团董事长张永舵说得好："一个企业要健康发展有两个条件：第一，必须像爱护自己的眼睛一样爱护自己的员工；第二，必须像爱护自己身体一样保护顾客的利益。只有这样，企业才会有永久的生命力和健康成长的动力。"企业的凝聚力来自三个方面：第一是制度的管理，第二是文化、思想意识的管理，第三是人本管理，即尊重员工、培养员工。企业战略最终要靠员工的劳动来实现，企业的发展也必须要有一个内部和谐、关系融洽的氛围。因此只有保证、维护员工的利益，才能调动员工的积极性、主动性和创造性，员工才会为实现企业的利益而付出劳动。

二、心中有爱，脚下生根

我国很多餐饮企业对员工的关爱是很有名的，他们确实做到了心中有爱、脚下生根，企业走得远、飞得高。海底捞是个1994年成立的餐饮公司，董事长张勇倡导"双手改变命运"的价值观，是中国餐饮连锁十强第一名，每年以七个店规模扩张。

1. 海底捞招聘简章上就明明白白规定：

（1）在西安、郑州的分店，员工月薪1400＋奖金＋工龄工资

在北京、上海、南京、沈阳、天津的分店，员工月薪1600＋奖金＋工龄工资

（2）免费提供食宿，房间配空调、电视、洗浴等设施，并有专人负责打扫卫生。

（3）双职工在公司工作半年可享受夫妻住房补贴。

（4）进入公司满三年的员工其子女可以享受2000—5000元/年不等的教育补贴。

（5）公司对进入公司满五年、十年、十五年的员工可领取公司发放的纪念金元宝一枚。

员工看到这样的招聘简章，你能不心动吗？你能不去应聘吗？你能不为海底捞卖命吗？

2. 天津狗不理集团的老总赵嘉祥，是中国餐饮界的奇才，他对员工的关爱也是很有代表性的。

（1）新员工到单位，组织员工到天津主要的旅游景点参观。每年春节部门经理以上人员要在店里陪新员工一起过年并送上红包。

（2）不论新老员工有病不能上班，第二天部门经理必定要带上慰问品登门拜访。

（3）每年评选出来的优秀员工，不论他们的父母在什么地方，单位都要把他们接到天津与孩子一起吃、住、玩一周。

（4）代表单位外出比赛获奖者，单位还要给选手单独重金嘉奖。

（5）这里特别要说到一位杨师傅爱人生病需要入院打吊瓶输液的实例。杨师傅向赵总请假，而工作又确实离不开，赵总给杨师傅说，你来上班吧，你爱人看病的事我来安排。杨师傅上班也是抓紧时间争分夺秒，四到五个小时过去了，杨师傅的活也干得差不多了，赵总过去对杨师傅说，你去医院看看爱人吧！这里的事你就不要问了。杨师傅到医院一看，是赵总的老母亲在看着爱人打着吊瓶输液，杨师傅当场就落下了热泪。

相比之下，我们一些餐饮单位的领导不在与员工交朋友上下功夫，不注意工作方法。不去员工餐厅吃饭，见员工不打招呼不问好，员工与他打招呼也爱答不理、自认高贵，这怎么能让员工心理平衡呢？这怎么能让员工为企业卖命呢？俗话说"士为知己者死"，你与员工成为知己了吗？更有甚者，个别餐企的领导者不注意自己的工作方法，不善于发现别人的优点，不善于赞美别人，而使自己的情绪进入盲点；不了解自己的情绪变化，不会控制自己的情绪变化，也不体谅别人的情绪变化，说出的话、做出的事都让员工心情不愉快，员工心情不愉快的结果就是离开本单位。而这位领导有时还不觉察问题的根源在哪里。现在员工心情不好是员工流动的主要因素。

美国西点军校22条军规中，说到人的主动精神时，专门说到"学会控制情绪"。人的情绪商数EQ与智商IQ相比，人的情绪商数是人的智商的两倍（EQ∶IQ＝2∶1）。职位越高，情绪商数对工作的影响越明显。

如何克服自己情绪的盲点：一是要经常提醒自己，使自己的情绪波动保持在一个适当的范围。能够正确地认识自我、了解自己的闪光点与不足之处，不断修正自己的行为。二是积极感受他人的情绪和诸多优点，更多地接纳、认可、欣赏别人的长处。管理好自己的情绪、克服情绪的盲点，培养稳定、健康、成熟的情绪。

三、关爱员工最好的形式和做法就是坚持不懈地对员工进行教育培训

好的培训 ＝ 员工自信心的塑造 ＝ 士气之昂的员工 ＝ 越来越少的员工流动 ＝ 越来越好的菜品和服务 ＝ 满意的顾客 ＝ 回头客越来越多

对员工的培训各单位普遍都注意到了，因为员工素质的提高与利润的增长呈几何级数，但不少单位培训没有抓住牛鼻子，有的缺乏正规的培训计划，头痛治头，脚痛治脚，有的抓住技能培训不放松。培训应当从人心开始，进行关爱训练——自信自强，团队意识，人生价值。一句话，塑造每个员工的自信心和团队精神。当一个企业的员工对企业有责任感，有神圣感，视企业的目标为自己的使命，这个企业就站稳了脚跟。

对员工自信心的培训方式也多种多样，山东净雅集团、西安美华酒店等单位将《世界最伟大的推销员》《坚持到底终会成功》和《美国西点军校22条军规》作为学习、培训的主教材，也有的单位将中国圣经——《论语》和弟子规作为学习、培训的主教材。不论你要用什么教材和方法，只要达到提高员工自信心、使命感，及对企业的认同感，就达到了培训的目的。培训要坚持不懈，应建立每周的学习制度和内部培训制度。

四、员工要有一颗感恩的心

这里我要专门讲讲员工应具有的心态。工作是人生的一大乐趣。工作不是一个关于干什么事和得到多少报酬的问题,而是一个关于生命的问题,是一种发自肺腑的爱,一种对生命的爱。工作不是我们为了谋生才去做的事,而是我们用生命去担起的责任。工作就需要自信,需要热情和行动,需要努力和勤奋,需要一种积极主动、自动自爱的精神,需要付出自己的智慧、热情、责任、想象和创造力。

对工作的正确心态这点很重要,我们要有一颗感恩的心。说到具体单位,就是应当感谢董事长、感谢总经理为你的发展提供了一个良好的平台。用全身心的爱去迎接每一天、每一件工作,这种责任感可以使每个人得到别人的尊重、信任和敬意。生命树是对己,人文树是对人,哲学树是对事,允许太阳存在,允许别人存在,允许反对过你的人存在。用容、真、耐、信对待世界。容是容纳、接纳。海纳百川、有容乃大,比海洋还宽广的是天空,比天空更宽广的是人的胸怀。真是说真、求真,处处、事事、时时讲究实事求是。耐是忍耐、坚韧、坚持到底。信是自信,对自己要自信,做事要有信心,对单位和工作处处表现出自信。

假如你非常热爱自己的工作,那你的生活就是天堂;假如你非常讨厌自己的工作,那么你的生活就是地狱。我们每个人为什么不天天生活在天堂里呢?感恩不是口号,更不是矫情,而是对现在所拥有的幸福的敬畏与珍惜。怀着感恩的心工作,怀着感恩的心对待工作,怀着感恩的心对待领导和同事,你会发现:幸福已经握在你的手中。

五、与员工一起制定他们的职业生涯

1. 何谓职业生涯

职业生涯即事业生涯,是指一个人一生连续担负的职业和职务的发展道路,包括从职业能力的获得、职业兴趣的培养、选择职业、就业、直至完全退出职业劳动的整个过程。事业奋斗目标一旦确立,相应的工作、教育和培训都要跟上,对每一步的时间、顺序和方向作出合理的安排,从而达到个人发展与企业发展的有机结合。一个比较好的职业生涯规范要具有可行性、具体性、灵活性、完整性、公平性的特征。

职业生涯规划的好处有五个：一是有利于明确人生未来的奋斗目标；二是有利于了解员工的实力、潜力和专业优势；三是有利于制定培训开发计划、控制自我发展和命运；四是有利于人尽其才，避免人力资源的浪费；五是有利于企业消除不利因素，获得发展。职业生涯规划的内容应包括：一是自我定位。即客观、全面地深入了解自己。二是目标设定。在正确的自我定位基础上，设立具体明确的职业目标。三是目标实现。通过各种积极的具体行动去努力争取目标达成。四是反馈修正。

2. 职业生涯管理对员工和企业是个双赢

员工职业生涯管理本来是餐饮企业人力资源部管理的一项内容。它本身就是满足员工和企业的双重需要。对员工来说，了解自身长处和短处，养成对环境和工作目标进行分析的习惯，又可使合理计划，分配时间和精力去完成任务、提高技能，有利于强化员工对环境把握和困难控制能力。同样可以从更高的角度看待工作中的各种问题和选择，正确处理职业生涯同个人追求、家庭目标等生活其他部分的关系。再就是可以超越财富和地位去追求更高的层次的自我价值实现的成就感和满足感，实现、提升和超越自我价值。对企业来说，职业生涯管理的重要性也可以分为三个方面：一是了解员工，整合目标，帮助员工克服困难，实现目标。二是更有效、科学地利用人力资源。职业生涯是针对企业和员工特点"量身定做"，同一般奖惩激励措施相比具有较强的独特性和排他性。三是增强了企业持续发展力。因为企业的技能水平和创造性、主动性可以保持稳定，甚至提升。

3. 职业生涯的成功，一是要靠外部的条件，要有实现工作成功的机遇与平台，二是要靠个人的素质，包括品格素质、能力素质、心理素质、生理素质等。概括起来就是能力与努力两大要素。

具体地说，职业成功的素质有17项：（1）积极的心态；（2）确定的目标；（3）多进行尝试；（4）正确地思考；（5）自我控制；（6）集体心理；（7）充分的信心；（8）令人愉快的个性；（9）个人的首创精神；（10）热情；（11）集中注意力；（12）协作精神；（13）总结经验教训；（14）创造性的见识；（15）预算时间和金钱；（16）保持身心健康；（17）应用普遍规律的力量。

——美国对几百名成功人士调查的总结

4. 企业职业生涯管理形式多样

这里介绍三个企业的做法,仅供参考:

(1) 海底捞的员工等级

流失员工最多的是实习员工,实习员工如做得好,最快能在一个月升到标兵位置。

图示 2:

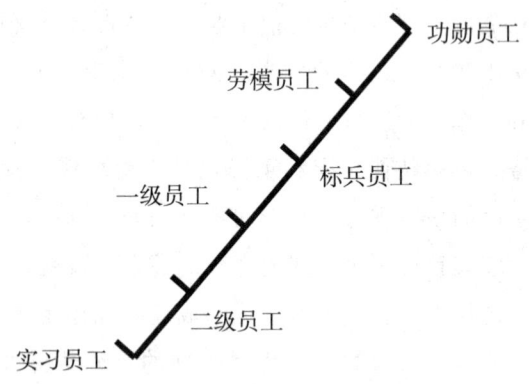

二级员工比例最大,流动很少。

二级员工为分水岭,可申请做领班。

二级考核标准简单,叫"快速准备"。

如给顾客拿杯子,买单做到速度快,差错少。

一级员工能获得为客人打折、免单等"特别授权"。

中层实行"高工资+高福利+个性化关怀"。

店长以上人员离职(哪怕干一天店长)单位送 8 万元安置费,大区经理离职送一家火锅店。

员工创新可带来切实利益,如包丹丹为戴眼镜的顾客提供眼睛布,店长上报,按专利对待,知识产权费 200 元,在 38 个分店推广,知识产权费 200×38＝7600 元,经店长与本人协商,最终奖给包丹丹 3800 元。现在为等餐位的客人提供擦皮鞋、涂指甲油、送扎头绳等"宠爱服务"在各店展开。

(2) 西安王子铂金饭店的 V 型职业生涯规划

西安王子铂金饭店成立于 2007 年，总营业面积 7000 平方米，经营粤菜为主，人均消费 400 元，月椅效 12100 元，地效 570 元，人效 17500 元。王子铂金饭店实行 V 型职业生涯规划管理，人员稳定，人心思上。

图示 3：人生发展抉择的重要环节之一

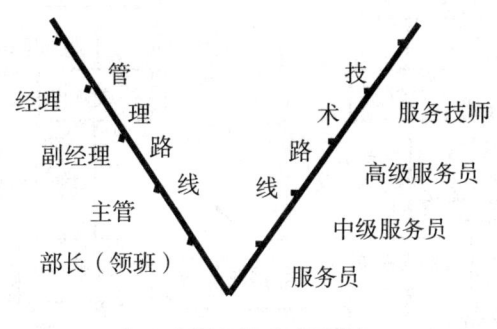

(3) 金多宝茶餐厅的七级晋升留员工（见下页图示 4）

目前餐饮企业的状况可以说是"谁拥有了人才，谁就拥有了明天"。员工找准目标，逐级提升，流失率低。内部培养提拔，减少"空降兵"。梯队管理传帮带，大胆用新人，升迁，合格接班人、超标储备干部。

饭店发展的根本——合理配置和使用人才，不断提高员工素质，关注每位员工的价值。

制定职业生涯考虑三个方面：

A. 目标取向："我想往哪一路线发展？"——员工自己的价值，理想，成就动机。

B. 能力取向："我能往哪一路线发展？"——员工自己的性格特长，经历、学历等主观条件。

C. 机会取向："我可以往哪一路线发展？"——员工自身的社会环境。政治与经济环境，组织环境等。

图示4：

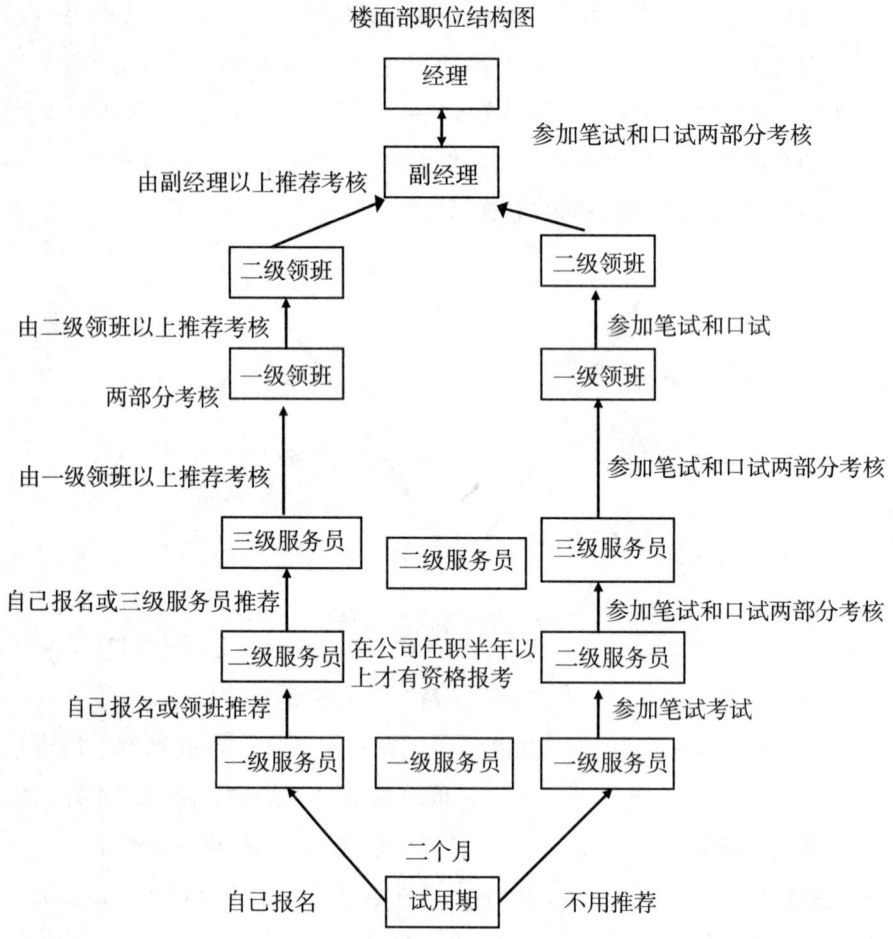

由于企业处处把员工视为自己的家人、企业的主人，又从各个方面给予员工无微不至的关怀，更重要的是对员工进行了不间断的培训，制定职业生涯，使员工具备了实现自己价值的基础和条件。员工对企业的感情大增，对工作的忠诚度大增，员工流动率自然下降。这就叫感情留人。

第三章　用工作绩效提升员工的价值

有了职业生涯规划并不是工作的结束，而是新的开始，一方面一对一地帮助要紧紧跟上，另一方面的绩效考核也必须紧紧跟上。

一、绩效考核是餐饮企业重要的管理工作

1. 餐饮企业的绩效管理是管理职能的一个重要内容，更是人力资源部的重要工作之一。

绩效管理系统由绩效标准的界定，绩效的衡量（考核）和绩效信息反馈三部分组成。绩效评估的原则应该是明确公开原则、客观评估原则、单头评估原则、信息反馈原则、平时与定期评估并重原则、严格评优原则、责权利结合原则。

2. 绩效评估的内容一般可分为德、能、勤、绩四个方面。

德是指员工的工作态度和职业道德。德是一个人的灵魂，它决定了一个人的行为方向、行为的强弱、行为的方式。对德的考核，主要是考核员工的敬业精神和责任心，以及社会主义觉悟和相应的法律道德意识。

能是指员工从事工作的能力，具体包括体能、学识、智能和专业技能等。员工能力考评绩效是考评的重点和难点。

绩是指员工的工作效率和效果，即员工完成工作的数量、质量、成本费用以及为组织作出的其他贡献。岗位绩效与岗位职责相关，是员工绩效的主体。达标绩效是员工的起码绩效。

勤是指员工的积极性和工作中的敬业精神，即员工的积极性、创造性、主动性、纪律性和出勤率。这充分反映了员工的责任感和事业心。勤是联系德、能、绩之间的纽带。

员工绩效信息来源可用图示5来表示：

图示5：

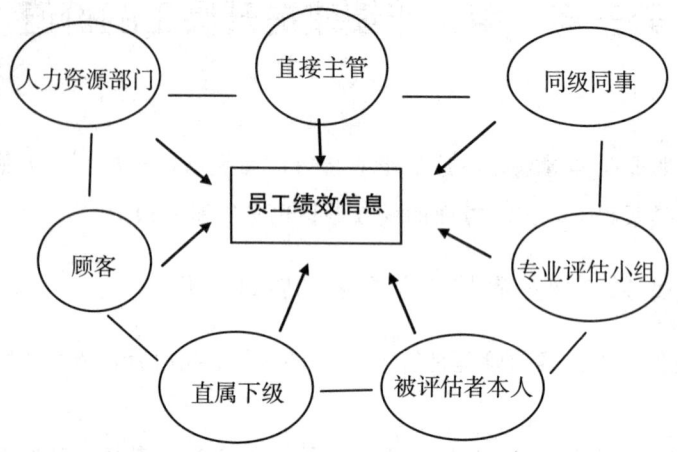

3. 做好工作绩效反馈工作的基本要求。

（1）员工绩效反馈应是经常性的，从而使员工清楚自己的绩效水平。

（2）为绩效讨论提供一种好的环境，一个谈话轻松的地方。

（3）反馈前让员工先进行自我评价，让其完全参加反馈过程的讨论中去。

（4）鼓励下属积极参与绩效反馈过程，运用"解决问题法"，避免"讲述—推销法"，至少要实行"讲述—倾听法。"

（5）赞扬，肯定员工的有效业绩，重点放在解决问题上。

（6）将绩效反馈集中在行动和结果上，并制定具体的绩效改善目标。

二、激励政策显神威

1. 对员工实施激励政策是职业生涯所必须的，是绩效评估提升员工价值相当重要的一步

激励，主要是指企业通过设计适当的外部奖酬形式和工作环境，以一定的行动规范和奖惩性措施，借助信息沟通来激发、引导、保持和规范组织成员的行为，以有效地实现企业及其成员个人目标的系统活动。美国企业巨子艾柯卡曾说："企业管理无非就是调动员工积极性。"而调动员工积极性，正是激励的主要职能。

2. 激励理论的综合模式

图示 6：

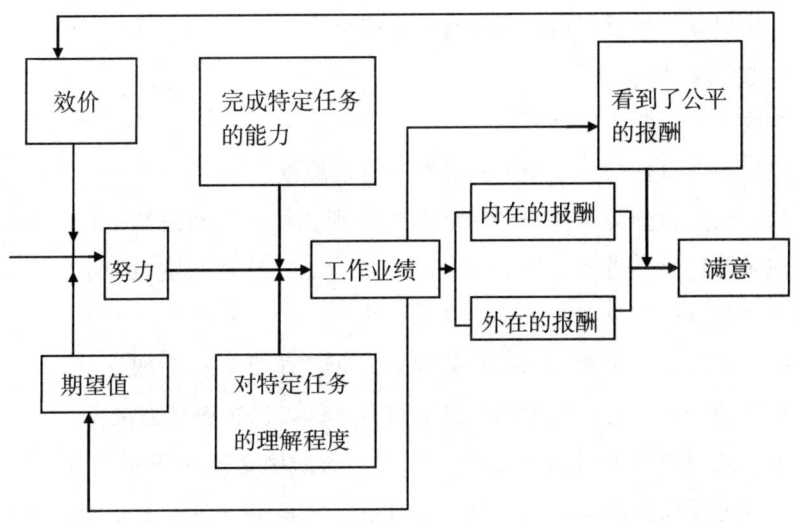

激励理论的综合模式示意图

3. 激励的作用与意义

"20世纪的管理是对人的手脚管理、行为管理，21世纪的管理是对人的头脑管理、心理管理。"管人要管心，只要从内在的动力上激发员工的工作积极性，员工才可能产生期望行为，企业才能持续发展。

(1) 激励有利于企业吸引人才。企业的竞争首先是人才的竞争，为了吸引、留住人才，企业应采用多种激励方法，如向员工提供养老金、人寿保险、医疗保险，给优秀员工丰厚的奖励，组织员工培训、学习、提高技能等，创造一个保障充分、奖励分明的工作环境。

(2) 激励有利于企业实现组织目标。激励是对员工行为有目的的引导。激励措施的制定，目的在于实现企业目标。

(3) 激励有利于提高员工的工作效率与业绩。美国一项调查显示，缺乏激励时，员工仅能发挥其能力的20%—30%，如若受到充分的激励，能力就可发挥80%—90%。

(4) 激励有利于提高员工的素质。企业可以采取措施，对坚持学习和敬业乐业的员工给予充分的表扬、奖励，对不思进取的员工给予适当批评，并在物质待遇上加以区别。在福利、晋升方面分别考虑，形成好风气上升、钻研业务盛行，员工素质自然会提高。

4. 激励的基本原则

激励的十大基本原则是：

(1) 企业目标与员工个人目标相结合的原则。

(2) 物质激励与精神激励相结合的原则。物质激励是基础，是主要方式，注重精神激励将成为员工激励的主要特点，精神激励是根本。只有物质激励是愚蠢的，仅有精神激励也是愚昧的。

(3) 正激励与负激励相结合的原则。正激励是对行为的肯定，负激励是对行为的否定，正、负激励都是必要有效的，以正激励为主。

(4) 内激励与外激励相结合的原则。内激励是通过思想教育与学习，逐渐将企业所欣赏的集体荣誉感、责任感、成就感、道德意识等变成自律的标准。它比较缓慢，但内激励一旦发生作用，则持续长久，并且激励质量较高。外激励多以规章制度、奖惩措施的形式出现，表现出某种强迫性。长期的外激励政策可以帮助人们树立某种观念，产生内激励效应。

(5) 整体激励与个别激励相结合的原则。

(6) 公平原则。为做到公平激励，必须反对平均主义，克服"一刀切"的简单做法。据调查，实行平均奖励，奖金与工作态度的相关性只有20%，而进行差别奖励，则奖金与工作态度的相关性达到80%。差别性是激励的主要原则。

(7) 实效原则。"雪中送炭"和"雨中送伞"的效果是不一样的，激励越及时，越有利于将人们的工作热情推向高涨，使其创造力连续有效地发挥出来。

(8) 按需原则。激励的起点是满足员工的需要，但员工的需要因人而异，因时而异，并且只有满足最迫切的需要（主导需要），其效用才高，其激励强度才大。

(9) 全员原则。企业犹如一部运转不停的机器，哪个部门哪个层次都要协调动起来。

(10) 成本原则。激励的支出与收益相比，应当使企业有利可图。

5. 评价与提薪、奖金、提升的关系

(1) 评以致用——评价与提薪、评价与奖金分配的关系

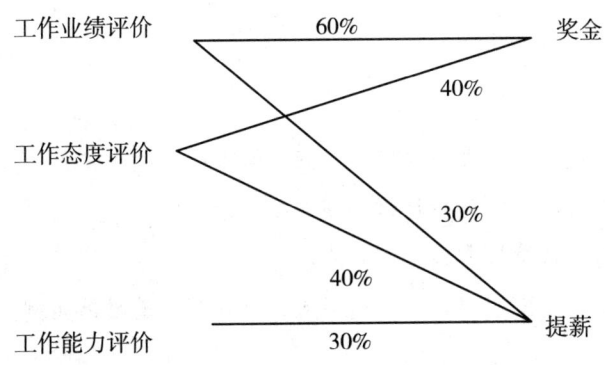

(2) 评价与提升的关系——员工希望晋升

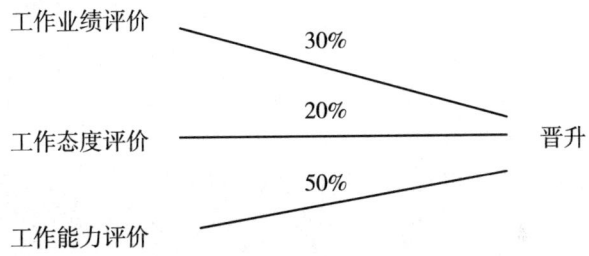

晋升、奖金、提薪都应及时兑现，才能达到留住员工，特别是留住骨干的目的。

6. 追求工作卓越，实现职场成功

跟定一个好上级。预计未来，持续学习，保持竞争力。多抢挑重担、少推卸责任，多干活、少闲着，争取晋升；赢得上级信任，争取工作出色，成为某一方面的专家，成为团队一员。

关于用工作绩效提升员工的价值，我重点说了两个问题，一是绩效的考核问题，一是激励问题。由优秀人员组成的团队是拥有最强生命力和竞争力的团队，这个团队的每个成员的境界也是凝聚力极强的人。用餐饮服务的工作性质塑造员工的自信说的是事业留人，用餐饮企业的关爱锤炼员工的忠诚说的是情感留人，用工作绩效提升员工的价值说的是用高薪留人。

这样餐饮企业稳定员工有妙招就说完了。大家回去不妨试一试，一定会有好的效果。

思考题

一、从哪几个方面去塑造员工对酒店服务行业的自信？

二、酒店对员工的关爱具体表现在哪些地方？

三、如何理解绩效考核的实际应用？

四、列举一个事业留人、感情留人、高薪留人的具体实例。

第五篇　通向烹饪大师的门槛

第一章　我为中餐欢呼自豪

中餐这独特的中国创造，是一张响亮的中国名片，是一块闪闪发光的金字招牌，全国人民为之骄傲，为之歌唱。

中国烹饪是中华民族的宝贵财富，是国家软实力的重要组成部分，是国粹，博大精深，世界公认。

作为中餐创造者的厨师，在旧社会曾被一些人看不起，称为下九流的人。但历史是公正的，早已雄辩证明，厨师为人类社会的进步做出了巨大贡献。

我粗略统计一下，中国烹饪方面的古籍至少40部以上，饮食成语就有60多句。

记述我国西周至春秋中期的中国第一部诗歌总集《诗经》中就有"庖鳖脍鲤"，"岂其食鱼，必河之鲂；岂其食鱼，必河之鲤"的诗句。

名厨出身的宰相伊尹"说汤以至味"。2011年12月28日，全国厨师的寻根问祖，第三届千人拜祖在河南开封举行。名厨出身的伊尹就是河南曹县人。

鲁菜早在春秋战国时，就形成了自己独特的风格，秦汉时正式形成，隋唐到宋，鲁菜成熟，元明清时期达到昌盛。

汉唐以来中国烹艺的精湛已流传到世界许多国家，这是任何国家都无法比拟的。这就是说在二千多年前，中餐已经走出国门。

以我国为代表的东方饮食文化、以欧美为代表的西方饮食文化和以伊斯兰为代表的清真饮食文化是当今世界上并存且相互影响、渗透的三大体系。它们相互交流、取长补短、相互促进、造福全人类。

正如儒厨、烹饪大师胡好梦在《沁园春·烹》所说：

泱泱中华，巍巍乾坤，疆域阔辽。蹚五千长河，人文荟萃，民族昌盛，史博渊遥。鼐鼎之华，有容乃大，欲烹天下之珍肴。观世界，数釜中精妙，唯我舜尧。

烹饪技艺高超，华夏美食越发妖娆。敬烹者彭祖，万代传谣；庖丁伊尹，谋略韬韬；一代文豪，东坡袁枚，豪情诗文作佳肴。论古今，出世代名厨，为民效劳。

新中国成立后，厨师的地位得到了极大的提高。

我举几个事例来说明：

1. 全国烹饪大赛每五年一届，2009 年是第五届。大赛总决赛的地点都在北京人民大会堂举行。2014 年已是第七届。

2. 到 2009 年全国注册厨师 800 万人。全国厨师节每年 10 月 18—20 日举行。除五一全国劳动节外，其他专业有全国性节日的有教师节、护士节、记者节、厨师节。

3. 厨师可以走上大学的讲堂当教授。如我国第一个走上北京大学、清华大学讲课的是刘敬贤烹饪大师。

4. 厨师是我国高薪阶层人士之一，我所知道的最高的厨师月薪 8 万元，称上大师的月薪都在数万元。一般炒锅工资几千到万元不等，已经成为人人羡慕、人人盼望的职业之一。有人用"古今庖人皆英杰"来称颂，我举双手赞成。

第二章　烹饪大师的七道门槛

人的一生就是一个选择的过程，选择就是给自己定位，就是给自己寻找前进的方向，就是实现自己人生的目标。你们选择了从事烹饪工作，我

第五篇
通向烹饪大师的门槛

认为就是选对了路，进对了门。

既然选对了路和门，紧接着就是如何做的问题。也就是说，在烹饪的道路上有厨师——名师——大师——国宝宗师——国家泰斗。这中间的路程就必须思考如何走，才能早日实现烹饪大师的目标。

老子说得好："天下难事必做于易，天下大事必做于细。"有人说，高薪是这样拿到的：以敬业为导向的职业态度，以价值为导向的职业观念，具有强烈生存欲望的心理素质，具有高度专业化的职业技能。

我把通向烹饪大师的门槛定为七个：一是敬业乐业精业的职业态度，二是终身以学习为伴的进取精神，三是终身苦练基本功的毅力，四是善于恕人的人脉关系，五是善于识别食材和精选食材，六是善于调和滋味，七是善于烹制养生菜品。概括起来就是"一敬二终四善"。

敬业乐业精业、善于恕人的人脉关系和终身以学习为伴的进取精神，可以归纳为厨德方面的门槛；善于识别食材和精选食材、善于调和滋味、善于烹制养生菜品和终身苦练基本功的毅力，可以归纳为厨技厨艺方面的门槛。

高尚的厨德、高超的厨艺，德艺双修。到那时，德高望重，烹艺登峰，高徒济济，如果你还不是烹饪大师，那就是世界性的特大怪事了。

川菜泰斗史正良大师生前曾说："我一生一是靠认真学习，二是靠扎实的基本功，三是靠人格的魅力。我为厨之道在做人，不欺客宰客，做百年老店生意；我为师之道在做人，传承创新，口手心传，毫无保留；我为学之道在做人，活到老学到老，向青年人学习，向徒弟们学习。"他一生带学生两万多人，收徒56人，14岁学厨，直到69岁离世，一直辛劳在烹饪第一线。

一、敬业乐业精业的职业态度

1. 爱岗敬业、乐业精业，尽职尽责，是人生第一要务，这既是工作原则又是人生原则，也是人的宝贵财富。

爱岗敬业首先是对自己忠诚的表现，是尊重自己的表现。不能设想，一个不忠诚于自己的人，不尊重自己的人能尊重别人。对自己忠诚了才可以乐业，有了敬业乐业才可能精业。

善始善终是一个人的职业道德。中国人想做大事的人很多，愿意把小事做细的人却很少。敬业乐业精业是一个人精神境界的提升。孔子曾说过："知之者不如好之者，好之者不如乐知者。"

俄罗斯有句谚语："职业就是老婆，选上她就得爱她，不能三心二意。"都是说要敬业乐业精业，创造事业，也创造自己。

2. 烹饪是勤行，勤行的人就要勤，懒人是永远做不好烹饪工作的。小事成就大事，细节成就完美，每天付出多一点点就可实现。勤奋让目标达到沸点，勤奋将天分变为天才。

敬业乐业精业，是烹饪行业的美德和传家宝，这方面的事例举不胜举。烹饪大师刘敬贤学厨时，二年师傅没有让他动过刀，完全靠着自己的勤奋好学，终于成为辽菜名师。

中国烹饪大师、北京饭店行政总厨、全国劳动模范郑秀生学厨时，11年在墩上，11年站炒锅，45岁后跟着女儿学电脑，业余时间参加北京教育学院大专班学习，被誉为"勤行里勤快人"。现在是休息时间全国各地培训讲课，做美食节。总之，我们应当记住一条：对自己用心的人，会得到最大的回报。

二、终身以学习为伴的进取精神

1. 请先看两个案例

净雅餐饮集团近几年来做的燕鲍翅，没有用大家熟悉的专门吊制的清汤，而用的是鲜虾煮制的汤，一时众说不一，其实这种做法只是恢复了最早的燕翅菜吊汤方法，（少了酱）吃原汁原味。

一个烹饪方面的学校讨论什么是荤菜时，一个学生提出葱、蒜、姜、韭菜辛辣味菜是荤菜，当即遭到一致的反对，这个学生仍然坚持他的观点。原来这个同学看了一些资料，资料中说到过去对荤菜的定义及现在荤菜的定义有所不同。所以，这个同学的意见是对的。

这两个实例都说明学习的重要性。学习是培植智慧的工具，知识是全世界的营养品。缺乏知识就好像天空中没有阳光，鸟儿没有翅膀。

2. 一个人在学校里专门学习的时间与人生相比，确实是短暂的，也是最幸福的。可以想一想，人的一生需要学习的东西太多了，而人每天只有24小时，走上工作岗位后，每天用于学习的时间若能坚持两小时就相当的不容易了。因而走上工作岗位后每天坚持两小时的学习是十分可贵的。

3. 身为五觉审美艺术的烹饪，食物的腥、膻、香、臭是需要嗅觉辨别审美的，食物的脆、嫩、酥、爽是需要口腔的触觉来感知的，加上铁板烧、锅巴虾仁等菜品带给食客的听觉感受，烹饪是需要视觉、嗅觉、味觉、触觉、听觉，即五种器官共同感知的。这里面的知识需要我们去学习，而且要终身学习。

4. 有人说鲁菜是味在山东，鲜在威海。威海菜确实以鲜香著称。要知道海产品及其加工方法，就不得不学习《记海错》这本山东栖霞人郝懿行写的古籍。

《记海错》中将40余种海产品逐一详述其形状、产地、产时、名称、食法、储法等。有的还有考证、辨析，是一部研究海产品烹饪原料和烹饪方法的珍贵史料。

现代人们追求吃得营养，吃得健康，进而吃出长寿。唐代唐盈诜著的《食疗本草》，专门讲营养食疗。

南宋陈仁玉著的《菌谱》，是我国乃至世界最古老的食用菌专著，书中对浙江临海市所产的11种香菇的产区、形状、色味、采摘时间以及毒菌的解毒方法都有详细介绍。野生菌菜在日本发展很快很好，中国成了最大的货源国。

中华养生餐饮在日本也发展得很快很好，我们与之至少晚了20年。

5. 终身学习的理由很多，也极其重要，特别是在今天科技等飞速发展的时代，新知识、新东西层出不穷，不学习就落后，学得慢了就跟不上步伐。学习型社会，学习型团队要求终身学习的个人才能适应。

三、善于恕人的人脉关系

1. "恕"字的出发点是将心比心，然后才会宽容。在我为人人、人人为我的今天，时代需要利人主义行为型，服从意识、团队意识、沟通意识、服务意识、好习惯等都是重要的人脉资源，这其中最重要的一点就是善于恕人。

人实际上是内敬而外恭，敬是一种态度，恭是一种行为。只有内敬而外恭，与人交往就会有忠诚。我们不能控制风向，但我们可以调整自己的风帆。为此，要把自己当别人，把别人当自己，把别人当别人，把自己当自己，善于转换思路是一种大智慧。

2. 处理人际关系的四句话。

一是把自己当别人。

当喜忧降临在自己头上时，要想想，看看别人遇到这些情况是如何度过的，你就可以很快地走过去。

二是把别人当自己，是说遇到问题应当将心比心，推己及人，换位思考，特别是平时对同志、工作中对顾客。

三是把别人当别人，是说每个人都是独立的，都是需要被尊重的，所以一定要从别人的立场出发。

四是把自己当自己，是说要回到自己的位置上、角色上，要感恩，要敬业乐业精业，用心做好自己的工作。

3. 厨师善于恕人是有着重要的意义，它比金钱、家世更为重要。厨师不是一个人而是一个人群，他生活在人群中，诚信是一块试金石，验证着人品的高下。

信誉是你行走于人世间最基本的保障，信誉是每个人的一张无形的通行证，这些都要靠宽恕待人的人脉来实现。厨师若没有好的人脉，没有赢人之道，终将被淘汰。

鲁菜大师纪晓峰制定的厨师长工作的十大原则，其中有四条是这样写的：

公正廉洁，以身作则，维护酒店的社会形象；

有事大家商量，会上坚持原则，会后不议论别人；

不贪酒，不近色，与人为善；

对上级多体谅多理解，对下级既严管又善待。

处处都体现了宽恕待人。有人说德生于谦和大度，确实是对的。

四、终身苦练基本功的毅力

1. 厨师在烹饪过程中的基本功,我认为至少应包括以下九种:清洁厨房技能、处理原料技能、刀工基本技能、打荷基本技能、炒锅基本技能、面点基本技能、食雕基本技能、营养配餐基本技能和西餐制作技能。

其中任何一种基本技能的技术性、艺术性、科学性历来都受到国内外人士的高度重视,自然也不是一日之功就能达到娴熟的。

2. 五个实例:

(1) 常见原料成型标准中的丝、段、片、丁、粒、末、茸、泥、块、条及各类鱼类成型的刀法。以丝为例。

丝的成形标准:

名称	成形规格	用途举例	适度原料
头粗丝	长约8cm,截面边长约0.3cm	干煸牛肉丝	
三粗丝	长约8cm,截面边长约0.2cm	冬笋肉丝、青椒鸡丝	韧性
细丝	长约8cm,截面边长约0.15cm	扣三丝	嫩性
银针丝	长约8cm,截面边长约0.01cm	炸菜松	脆炸原料

(2) 冷荤工艺中的拌的制作工艺,可分为生拌、熟拌、混拌等。

生拌:原料经摘洗消毒后,改刀或不改刀,直接加入调味品,调拌均匀的一种方法。如"拌黄瓜"、"葱油生菜"等。特点:清香爽口。

生拌看似简单,人人都会,但要拌好,也有一些要求。若按100分进行考核,不妨这样打分:

选料及初加工正确 10 分　　刀工处理正确 15 分

调配料使用合理 10 分　　装盘效果 10 分

口味纯正 20 分　　节约、卫生 10 分

色泽符合要求 15 分　　质地符合要求 10 分

(3) 炸的技艺中有干炸、清炸、软炸、酥炸、脆炸、板炸、纸包炸、蛋白炸、油浸炸、油淋炸。

说说板炸,又称西法炸,面包渣炸。先将主料加工成厚片状,并用腌渍入味,蘸上面粉、鸡蛋液,然后再滚上一层面包渣下油锅炸熟的方法。菜的特点:色金黄、外松酥。主料鲜嫩而鲜美。

(4) 炒的技艺中有:生炒、熟炒、清炒、滑炒、干炒、煸炒、广东软炒、抓炒、软炒、水炒、爆炒。

说说水炒。水炒是将主料挂糊后,放入开水锅里汆透,与事先兑好的汁进行颠翻烹炒。操作要领是抓浆要均匀,水温微沸为好,下锅时均匀,不要用筷子拨动,以防脱浆、粘连。成菜口味特点:滑软鲜嫩,利口清淡。

(5) 刘敬贤大师60多岁的高龄,他的大翻勺一绝。走到哪里都有人请他表演,5-8斤重的大勺,锅里塌的菜2斤重,抛出2米高,接下来物品形状完整完美,人人称赞。真可谓餐桌一道美味菜,灶勺十年苦练功。

3. 苦练基本功方面,应当说在校学习期间的养成训练特别重要,无论是理论的讲述,还是实际的操作演练,都是做根基的工作。哪个建筑公司不把打基础当作大事来抓?道理大家都清清楚楚。其实所有的好东西都是一辈子的事,上不愧于天,下不愧于人。

4. 一幅山水画讲的是它的内涵,一道菜肴传递的是文化。每个著名歌唱家都有他的成名歌曲,每个大厨也都有他的成名菜肴。

刘敬贤大师的扒类菜肴,王义均大师的葱烧海参每年营业额都在千万元以上,颜景祥大师的炒腰花,刘泉大师的人背上剁肉馅,郑秀生大师的鱼头脱骨等等。大师们的这些拿手菜,都是终身苦练基本功的结晶。

在座的未来的大师们,你的拿手菜准备好了吗?

五、善于识别食材和精选食材

1. 食材是指制作食物时所需的材料,世上有万种。现在有一个食品公司制出了7999种食材的热量表及它的特性及食物相克,这为烹饪的三大要素之一的原料方面创造了很好的条件。识别食材、精选食材是鲁菜的第一个特点。

烹饪大师赵嘉祥说:"每种食材都有它的性格,你认识它、熟悉它,它才能听你的指挥，做出你所要求的菜品，如若不然，它会'发脾气'的。"

东方美食集团董事长、烹饪大师刘广伟先生说："厨师要认识500种以上的食材性格，名师要认识千种以上食材的性格，大师、宗师要认识更多食材的性格。"

为什么强调认识食材性格的重要性呢？因为它是做好菜的基础，是厨师的基本功之一。

有人说，做厨如行医，不识原料、调料，不懂其性味特点，不敢下料，便做不出适应性强的菜肴。

再如食材的"水居者腥，肉攫者臊，草食者膻"，这种腥、臊、膻的特性去后而为人所用。植物性食材也是一样，有的喜软，有的喜硬。这些食材变成菜肴都要借助于"鼎"中之变。

2. 原料选择坚持求精求质上，即讲新（新出产的）、求活（生活的）、要鲜（鲜度大的）。质量上乘，不要歪品次品劣品。

如清蒸加吉鱼用1.5－2斤的活鱼，糟熘鱼片须用牙片鱼和墨鱼，韭菜炒海肠须用活海肠现杀现用。

原料加工处理严格讲究分档取料，不同部位用于不同菜品烹制，绝不能混淆。筒子鸡必须用肥母鸡，青辣子鸡需选用小雏公鸡，而浮油鸡片必须用鸡脯肉。

丰富的原料资源为选料提供了广阔的空间和余地，精细的加工处理为菜肴的备料提供了良好的条件，两者相辅相成，为烹制出高质量的菜肴打下了坚实的基础。厨师的本领应当是落刀成材，物尽其用。

六、善于调和滋味

1. 中国古语"民以食为天，食以味为先"，"饭菜无语，味道说话"。"味在山东"是世人对鲁菜的奖赏，说明调味独特也是鲁菜的特点之一，这也充分说明烹饪的三大要素中烹饪技术的重要。

"味"是中国菜肴的重要因素，是菜的灵魂和根本。同一原料，调味不同，风味也就不同。

"调和之事必以甘、酸、苦、辛、咸，先后多少，其齐甚微。"是说无论是基本调味，定性调味和辅助调味，还是味的组合、味的层次，关键在于调味原料的种类、数量、下料时间、先后多少，是否恰如其分。做不到上述要求，鲁菜的真谛"五味调和百味香"便是一句空话。因为一切烹饪技法的诞生都是来自人们对"味"追求的不断上升。鲁菜讲究选料，注重火候，烹调技法多样，刀工精细，配料巧妙，调味丰富多彩，都是为味服务的。

说到"调剂之法"，相物而施，有酒水兼用的，有专用酒不用水的，有用水不用酒的；有盐酱并用者，有专用酱不用盐，有用盐不用酱的；有物太腻，要用油先炙者；有的太腥，要用醋先喷者；有取鳞用冰糖者；有以干燥为贵者，使其味入于内，煎炒之物是也。

2. 善于调味中，我还要强调四点：

（1）鲁菜中的中高档凉菜，有两点要知道（特别是枣庄地区），一是慎用香油和酱油，因为香油味香浓，酱油色黑，难显菜品的本味特色，就是复合味的用料也不复杂。二是凡汆、焯、烫后的凉菜，即使是绿叶蔬菜，也绝不准过凉水，需趁热加味精或白糖或精盐，让其有底味，味深"入骨"。色泽要求一菜一色，突出主料，诱人食欲。

（2）食料的味不外乎三种情况：有味使其出，无味使其入，异味使其除。鱼虾蟹常用蒸煮炖的方法，是让味充分出来的，尽可能做到原汁原味。燕翅海参等菜，关键是入味，如海参的十大入味法，是把海参菜做好的重要环节。驼掌等一些有异味的食材关键是除异味，然后还要给它入味，才能奉献给宾客。

（3）说到"味"一定要说到"汤"。精于制汤是鲁菜的一大特色。"汤"在中餐中始终扮演者一种表次实主的角色。

"汤"可分为肴馔汤、提味汤、饮料汤、食疗汤四大类，其中调味汤是厨师为自己加工的专用增味剂。用来制作菜肴，不仅使菜品不失其本，保持原料的本质不变，而且菜品色泽美观漂亮，菜品鲜香可口，纯正自然。

当前餐饮界提倡裸烹，裸烹不仅是不用、少用味素，而是对烹艺的修正，是烹饪本位的回归，因此所有烹饪大师都更重视提味汤的研制和使用。厨师用"汤"来画龙点睛,把握烹调尺度,品尝滋味深浅。

(4) 调味要注意时节,突出"春多酸,夏多苦,秋多辛,冬多咸",及南甜北咸、东辣西酸的风味特色。

《黄帝内经》中说:"春不吃肝,夏不吃心,秋不吃肺,冬不吃肾,一年四季不吃脾。"就是吃内脏季节,也不要爆炒,因为爆炒不易杀死内脏中的寄生物,危害健康。

七、善于烹制养生菜品

(一) 烹制养生菜的过程

这里我先介绍两道标准的养生鲁菜的制作全过程。

菜品一:葱烧海参

1. 选料:120 头刺参
2. 装盘:位餐平盘
3. 最佳食用时间:15 分钟内。
4. 原料:120 头的海参一个
5. 调料:花生油 200 克,八角 45 克,大葱段 125 克,干葱头 50 克,老抽 15 克,香菜段 50 克;味达美 20 克,米酒 15 克,高汤 300 克,鸡粉 5 克,白糖 12 克,味精 10 克,湿淀粉 15 克。
6. 制作:

① 海参的胀发:

葱烧海参一般选用辽参或山东的刺参,先浸泡约 4 个小时,用剪刀剪开腹部,去除内脏和参牙,洗净后再放入盛有纯净水的桶内。用小火加热,烧约 45 分钟,关火,再慢慢放凉。放凉后再点火,用小火加热约 30 分钟,即可取出。取的时候要用手捏一下海参,由于海参的质量、个头等因素,有的已经发好,有的还略硬,需要继续在桶内涨发。将变软的海参放入冰水中,进行冰激,使海参继续胀大。发好的海参一定要保存在冰块水中,每天换水,并保持水质干净。

② 海参汁的制作:

锅内花生油 100 克大火烧至六成热，倒入八角 30 克，炸出香味，将八角炸焦香，倒入大葱段 25 克，干葱头、香菜段，煸炒出香味。煸炒的时候可以用勺子敲几下锅内的香料，使其香味充分散发出来，炒香，淋老抽、味达美、米酒，翻炒均匀，加高汤，调入鸡粉、白糖、味精，搅匀调味。大火烧沸，烧约 3 分钟，起锅，用细密漏过滤净料渣，取汤汁待用。

③ 葱油的制作：

锅内花生油 600 克大火加热至五成热，倒入八角 15 克、大葱段 50 克，炸出香味。炸至葱外皮变焦黄，起锅，一同倒入砂煲内，覆盖保鲜膜，上蒸柜蒸 20 分钟，使其香味更充分散发出来，蒸好后即为葱油。

锅内加海参汁 300 克，大火烧沸，下入海参，改小火，爆约 8－10 分钟，淋湿淀粉 15 克，翻匀勾芡，淋葱油 20 克，翻匀起锅。盛入盘内，将炼制葱油的葱段摆在盘内，摆上西兰花即可上桌。

7. 特点：参黑葱黄，汤汁红，葱香味浓郁，鲜咸软糯，海参吃起来有弹牙的感觉。

菜品二：红扒肘子

1. 选料：新鲜肘子 1500 克

2. 装盘：36 厘米汤盘

3. 最佳食用时间：20 分钟用

4. 原料：新鲜肘子 1500 克

5. 调料：色拉油 2 千克，姜片 30 克，葱段 45 克，甜面酱 200 克，米酒 35 克，酱油 20 克，老抽 20 克，鸡粉 5 克，味精 6 克，盐 6 克，清汤 2 千克，湿淀粉 20 克，花椒油 20 克。

6. 制作：

① 糖色汁的调制：

将锅刷洗干净，不要有杂质，热锅滑油，尽量滑的时间长一些。锅留底油，倒入白糖 300 克，锅上火，小火加热，不停地用勺子快速搅动。炒的时候可以转一下锅，使其受热均匀，要保持好温度，锅隔一段时间就要离火，不要使其温度太高，炒至融化，颜色由浅变深。加入温水 500 克，快速搅动，搅匀。起锅，入汤盆内，再淋老抽 15 克，搅匀即成糖色汁。此汁颜色红润，上色效果非常好。

将买回来的新鲜肘子，在火上燎净猪毛，均匀仔细地燎一遍，烧至深黄色，再用刀刮洗干净。刮的时候要注意不要刮破表皮，边刮边用自来水冲净，用干毛巾吸干水分，入糖色汁内浸泡约2个小时使其上色。锅内色拉油大火加热至七成热，下入浸泡好的肘子，浸炸至定型，炸至表面红亮，表皮发紧，捞起待用。

② 卤汁的制作：

锅留底油，锅内下姜片、葱段，煸炒出香味，下入甜面酱，淋米酒、酱油、老抽，调入鸡粉、味精、盐，加清汤，搅匀，大火烧沸，起锅倒入汤桶内。将肘子投入汤桶内，使汤汁没过肘子。用保鲜膜覆盖，入蒸柜蒸约3个小时。取出蒸好的肘子，去掉保鲜膜，在常温下放置3小时，使肘子继续入味。

将泡好的肘子取出，摆在盘内。取桶内汤汁500克入锅内，大火烧沸，淋湿淀粉、花椒油，搅匀，起锅，浇在盘内的肘子上。上桌后由服务员用餐刀去掉大骨，再分成小块，跟面饼、黄瓜条、甜面酱等一同卷食即可。

7. 特点：色泽红润，鲜咸香浓，肉质软糯酥烂。

（二）关于烹制养生菜的三个问题

1. 烹饪的最终目的，是科学膳食，讲究营养，以满足人体发育和生理机能的需要。一句话，为了人们的养生。

食材的合理洗涤、科学切配、沸水焯料、上浆挂糊、适当加酸、酵母发酵、急火快炒、五味调和、勾芡保护等合理烹调的措施，都是为了最大限度地保护食材中的营养素。

2. 烹饪养生菜品时，一定要做到十大平衡原则：

主食与副食的平衡；

荤与素的平衡（4∶6）；

干与稀的平衡（6∶4）；

精与杂的平衡（6∶4）；

寒与热的平衡（三分寒最好）；

酸与碱的平衡；

饥与饱的平衡（三分饥感受是最好的）；

摄入与排除的平衡；

动与静的平衡（4∶6）；

情绪与食欲的平衡（情绪不好要少吃肉）。

3. 食以洁为本，味以养为先。

人们经过了以吃饱为标志的早餐饮时代，也经过了以吃好的标志的中餐饮时代，而如今正进入一个理性的以吃得营养、吃出健康，进而吃出长寿为标志的后餐饮时代。也可以说，到了后餐饮时代，餐饮才真正体现了它的本质。

作为食客身边营养师的厨师，一定要与时俱进，多学习营养保健知识，学习营养配餐技术，做一名名副其实的营养配餐师。举健康旗，炒环保菜，把养生的菜品奉献给食客。

比如，武汉小蓝鲸在全国做出了表率。在免费为客人提供指导性食谱的同时，又参加了"裸烹"签字，做凉菜用"液体黄金"亚麻籽油，以降低胆固醇、降血压、预防心脑血管疾病，抵制癌症的发生和转移。启动"净水厨房"，在饮用水、洗菜、做菜、煲汤等，全部使用纯净水，使菜品味道更加纯正鲜美。

营养健康是硬道理。厨师为食客提供营养健康的养生菜品，既是厨师的神圣职责，也是厨师光荣的义务。

结束语：从做好厨师开始

通向烹饪大师的"一敬二终四善"的七道门槛，我讲完了。可能有人会说，我们刚刚学习烹饪专业，你说烹饪大师的门槛离我们是不是太远了。从时间跨度来说，似乎有些远，但从事物的发展、事业的发展角度来看倒是不远。为此，我这里说，从做好厨师开始。

我们常说，不想当将军的士兵不是好士兵，同样，不想当烹饪大师的厨师也不是一个好厨师。我们既然选择了烹饪事业，走上了厨师之路，我们就要有自己的目标，目标是人生的导航灯，是人生的内动力。

成功一开始仅仅是一个选择,选择什么样的目标就会有什么样的成就与人生。没有目标,就不会成功,因为你不知道为什么要努力。只要努力工作不断自我提高,实现目标的机遇、运气就会到来。

机遇是为有准备的人而来到的,自己没有准备,别人帮忙、支持,有时也没有用。

中国餐饮企业百强的净雅,它的目标是使企业成为文化经营型组织,张永舵董事长说得好:"必须要有强大的目标,使命感。"否则不会成功。

刘泉大师说得好:"厨师只是接近辉煌的开始,怕火花当不成铁匠。从可笑到伟大,只有一步之差。"

厨师出身成为烹饪大师、餐饮经理人、餐饮企业家的人太多太多了,仅威海从各大宾馆餐饮的副总、餐饮总监、行政总厨到各民营餐饮集团的董事长、总经理,不是百分之八十,也占很大比例。

最后,我用讲述刘敬贤大师的成功事迹一书《烹饪大师》开篇题记,作为我的结束语:

人生——
有人说像一条流韵的河,
淙淙地从人们心中流过;
有人说像一首无字的歌,
每个演唱者自己把歌词填写;
有人说像一首哲理诗,
含蕴深厚品味无穷;
有人说像一部交响乐,
时而低缓沉郁时而昂扬激越
……

思考题

一、通向烹饪大师的七道门槛主要说的是什么？

二、馐以厨美、厨以德为先、德以和为重、和以融为根，你是怎样理解的？

三、川菜泰斗史正良大师说的话你如何理解？

附件

烹饪学三字经

(胡好梦)

中华史	五千年	重传统	多发明
国以粮	求富强	民以食	争朝夕
论烹饪	远精深	保传统	求创新
上古猿	茹毛血	发明火	懂熟食
出现盐	方调味	人进化	是关键
旧石器	萌芽期	新石器	形成期
夏商周	发展期	秦至今	繁荣期
史之前	三阶段	石水油	做传导
殷到秦	高发展	周八珍	吕五味
汉张骞	明三宝	丝绸路	原料添
隋唐煤	宋朝瓷	知食疗	改齐眉
到明清	趋繁荣	满汉席	四海连
四大帮	已形成	六种菜	成精髓
宫廷菜	集奇珍	官府菜	显豪奢
民族菜	擅烹饪	市肆菜	俱风味
寺院菜	宜养生	民间菜	博奇类
新中国	新思想	技术精	力量强
合潮流	拓眼界	搞改革	创新意

中国菜	有气派	集民族	诸精华
其特点	有八条	选料精	刀工细
配料巧	烹法多	品种全	调味高
精火候	包装妙	各关键	掌握好
基本功	常训练	投料准	浆度匀
识油温	懂火候	芡恰当	翻锅活
操作时	多注意	不走神	保安全
讲卫生	生熟分	为人民	为自身

学烹饪	先选料	求质量	保营养
果为助	谷为养	菜为充	畜为益
论蔬菜	六大类	叶菜类	茎菜类
根菜类	果菜类	花菜类	真菌类
水分足	营养高	使用广	作用大
论家畜	猪牛羊	高蛋白	高脂肪
常食用	康体健	造能量	增智慧
论家禽	鸡鸭鹅	三千年	饲养史
产蛋多	生长快	脂肪少	食用高
水产品	多食益	鱼蟹虾	贝鳖鳝
分布广	品种多	肉质肥	味醇鲜
干制品	数不清	有山珍	有海味
抗衰老	消疲劳	既食疗	又滋补
干鲜果	调口味	增食欲	易消化
能醒酒	能止渴	春夏寒	四季有
食用油	辅助料	烹饪时	很重要

动植物	含油高	多提取	作用妙
调味口	调和料	酸甜辣	成佳肴
春多馥	夏多苦	秋多辛	冬多咸
论营养	会配备	蛋白质	增免疫
脂肪类	护肤色	化合物	添能源
维生素	调代谢	矿物质	壮骨骼
纤维素	防癌变	巧运用	制药膳
刀工精	刀法妙	砍剁斩	切批劈
丁粒茸	条丝片	薄如纸	细如线
鸡出骨	鱼开片	猪分档	菜搭配
割不正	不可食	食亦精	脍亦细
论涨发	水油发	盐碱发	火烤发
配菜时	须恰当	求色彩	保质量
火候学	是关键	论时间	论火力
火之纪	时徐疾	唯火候	善五味
旺火高	中火低	小火细	微火暗
小则长	长则软	旺则短	短则脆
调滋味	分二类	单一味	复合味
有味者	使其出	无味者	使其入
味之本	水为始	甘受和	白受采
熟处理	或焯水	或过油	或走红
苦辛涩	须焯水	冷水荤	沸水蔬
过油时	识油温	划油嫩	走油脆
走红锅	增色泽	防粘底	防烧焦

滑熘炒	易上浆	煎炸贴	须挂糊
料上浆	保鲜嫩	挂层糊	受保护
菜勾芡	汤汁艳	光明洁	不干瘪
烹调术	归纳为	炸炒熘	爆烹煨
炖焖煮	扒烧煎	烩汆涮	蒸烤贴
熏腊酱	卤冻酥	腌炝拌	㸆焗煸
焙熥灼	淋浸熬	烘焙烙	糟渍醉
炮汆爁	炆煸炕	燎焯烫	瓤扣煽
鼎中变	精微纤	清者后	浓者先
各菜系	俱特色	名佳肴	成名典
广帮菜	清心雅	烤乳猪	为首席
盐焗鸡	肉皮脆	咕咾肉	软酸甜
川帮菜	多调味	丑麻婆	巧豆腐
丁宫保	烹鸡丁	回锅肉	不能免
苏帮菜	分南北	苏锡甜	淮阳精
金陵鸭	煮盐水	镇江厨	制肴蹄
狮子头	始隋唐	煮干丝	极精细
三套鸭	味最佳	炝虎尾	滑爽鲜
长江鲜	刀豚鲴	太湖水	三白美
松鼠鱼	炸脆鳝	酱排骨	醉无锡
鲁帮菜	重技法	黄河鲤	上佳宴
德州鸡	扒脱骨	九转肠	如炼丹
醋椒鱼	爆双脆	一品锅	皇帝赐
浙西湖	烹醋鱼	东坡肉	味醇厚
叫化鸡	成一绝	锅烧鳗	入口糯

闽坛香	佛跳墙	到湘江	蒸腊味
徽州鳖	炖火腿	辽吉黑	多野味
京烤鸭	片皮脆	三不沾	它似蜜
明珠塔	品海味	糟钵头	烧甩水
蟹黄油	大乌参	白斩鸡	吃不厌
华夏馔	举无边	盘中餐	国之粹
烹饪学	是科学	是文化	是艺术
古庖丁	今名厨	烹饪界	出精英
夏彭祖	善稚羹	商伊尹	负鼎治
易牙公	善辨味	太和公	烹炙鱼
宋五嫂	巾帼厨	王小余	清传记
唐朝期	出名宴	烧尾宴	曲江宴
元朝廷	诈马宴	清康熙	千叟宴
红楼宴	曹雪芹	孔府宴	清后裔
古著作	现仍见	贾思勰	齐民术
吕不韦	春秋志	隋谢讽	著食经
李时珍	本草篇	袁枚撰	随园谱
新时代	发展快	重市场	重人才
多继承	多发扬	多总结	多积累
常开拓	搞创新	为人类	做贡献

主要参考书目

1. 王伟.《服务通论》.中国旅游出版社.
2. 《中国旅游饭店管理与服务2000问》.中国旅游出版社.
3. 《西方的管理在中国的应用——长城饭店管理模式与操作实务》.中国旅游出版社.
4. 《白天鹅宾馆管理实务》.广州旅游出版社.
5. 何健民.《现代宾馆管理原理与实务》.上海外语教育出版社.
6. [美]阿德勒·戴维斯.《吃的营养科学观》.中国轻工业出版社.
7. [美]奥格·曼狄诺.《羊皮卷》.内蒙古人民出版社.
8. 《餐饮经理人》.东方美食杂志社.
9. 《中国大厨》.齐鲁电子音像出版社.
10. 胡好梦.《烹饪学三字经》.江苏教育出版社.
11. 张学斌.《清真烹饪基础》.宁夏人民出版社.